KB147674

근대에 맞선 경계인, **김소월**

남기혁

목차
Contents

1 식민지 시대와 내면적 인간의 탄생 ◆ 03

2 평북 정주의 로컬리티 ◆ 16

3 김소월의 초기시와 경계인의 내면 풍경 ◆ 34

4 '시인'의 길

:잇따른 실패와 좌절, 그리고 재기의 몸부림 ◆ 64

5 '조선'·'민족'에 호명된 주체

: 대중에게 잘 알려지지 않은 텍스트들 ◆ 85

6 되살아오는 그 이름, 소월 ◆ 101

김소월 연보 ◆ 109

작품 연보 ◆ 114

미주 ◆ 120

참고문헌 ◆ 127

1 식민지 시대와 내면적 인간의 탄생

산산이 부서진 이름이여!
허공 중에 헤어진 이름이여!
불러도 주인 없는 이름이여!
부르다가 내가 죽을 이름이여!
— 김소월, 〈초혼〉에서

소월을 기억하는 방식

우리 문학사에 등장했다 사라진 그 수많은 문인들 중에서 '김소월'(본명·金廷湜, 1902~1934)은 가장 우뚝한 존재로 기억되는 시인이다. 소월(素月)은 한국시 100년 역사에서 예술적 성취 수준이 가장 높은 시인 중 한 사람으로 꼽힐 뿐만 아니라, 대중의 인지도와 사랑이란 측면에서도 그를 능가할 시인은 거의 없다.[1] 설령 소월이란 이름을 모르는 사람이라도, 〈엄마야, 누나야〉, 〈산유화〉, 〈진달래꽃〉, 〈예전엔 미처 몰랐어요〉, 〈개여울〉처럼 그의 시로 만든 노래는 한 번쯤 접해본 기억이 있을 것이다. 소월의 주옥(珠玉)같은 시를 노랫말로 삼은 가곡·동요·대중가요를 들으면, 우리는 대부분 그 노래의 한 마디 정도는 흥얼거리며 따라 부를 수 있을 정도이다. 그만큼 소월과 그의 시는 우리에게 가까이 있고 오늘날 우리 생활과 정서의 일부분을 이루고 있는 것이다.

각급 학교에서의 문학교육은 오늘날 소월이 대중의 기억 속에 가장 훌륭한 시인으로 자리 잡는 데 있어 가장 중요한 영향을 끼쳤다. 소월의 동시와 민요시는 국어 시간에 우리말의 묘미나 한국시의 정서와 운율에 대해 가르칠 때 중요한 수업 자료로 활용되고 있다. 특히 중·고등학교 국어교과서에 수록된 소월의 명편들은 식민지 역사 현실을 배경으로 민족적 정한을 표출한 작품으로 취급되어 거의 '정전(正典)'급의 대우를 받고 있다. 이런 까닭에 소월 시는 대학수학능력시험을 위시한 각종 국가고시에서 빈번하게 출제되기도 한다.[2]

학교 교육에서 제공되는 시 텍스트(혹은 시인)의 폭은 사실 그리 넓지 않다. 학교 교육이 곧바로 대학입시와 연동되는 우리 상황에서, 국어교과서에서 정전급 대우를 받는 소월의 시 텍스트가 청소년들의 문학적 지식과 체험 형성에 있어 하나의 표준을 이룬다고 해도 과언은 아닐 것이다. 하지만 학교 교육에서 제공되는 김소월 시의 평가는 사실 매우 정형화되어 있다. 민요조 율격과 민중 언어를 수용한 민요시인, 한국적 정한을 이어받은 전통시인, 식민지 시대의 보편적인 상실의식을 노래한 민족시인 등등의 평가가 대표적인 예라 할 수 있다. 학교 교육에서 제공하는 이런 평가는 김소월을 민족시인, 전통파 시인, 인민시인(북한의 경우) 등으로 부르는 세간의 평가와도 크게 다르지 않다.

학교 교육 차원이건 일반 문단 차원이건, 소월은 이제 한국시를 대표하는 정전급 시인으로 자리매김이 되어 있다. 하지만 김소월의 삶과 문학의 내밀한 차원은 정작 잘 알려져 있지 않은 편이다. 우리가 아는 '소월'은 그가 우리에게 말하려 했고 말할 수 있었던 진실들 중에 극히 일부분에 지나지 않는다.[3] 이 평전은 김소월의 삶과 문학 중에서 대중에게 잘 알려지지 않는 부분을 드러내, 우리 독서 대중이 소월과 보다 내밀한 대화를 나눌 수 있도록 가교를 마련하려고 한다.

소월 문학 수용의 여러 가지 시각

김소월에 대한 세간의 평가는 그의 삶과 문학이 지닌 전형적 특성을 대체로 충실하게 반영하고 있는 편이다. 하지만 세간의 평가 너머에는 어떤 잉여의 진실이 남아 있기 마련이다. 이 잉여의 진실을 밝혀야 김소월 문학 전체의 상(像)을 새롭게 세우고 그에 대해 역사적 가치 평가를 내릴 수 있는 것이다. 사실 필자는 김소월에 대한 세간의 평가 중에서 불만스러운 부분이 있다. 그것은 바로 부분의 진실로 전체적 진실을 대체하거나 과잉된 해석을 근거로 소월 시를 신화화하려는 태도가 세간의 평가 속에 숨어있다는 점이다.

이런 사태는 세간의 평가가 대체로 특정의 정치 이념이나 이데올로기에 그 근거를 두고 있어서 빚어진 것이다. 분단 이후 서술된 각종 문학사(文學史) 중에서 남한과 북한 양쪽 모두로부터 높은 평가를 받은 시인은 그리 많지 않다.[4] 하지만 그 평가의 양상은 미묘한 차이가 있다. 문학사 서술이 서술의 주체와 그가 속한 공동체의 정치적 욕망을 떠나 순수한 가치중립 지대에 놓일 수는 없다. 이런 사실을 감안하더라도 동일한 시인을 어떤 곳에선 거의 인민시인·혁명시인의 반열에 올리고 다른 곳에선 전통시인·민족주의 시인의 범주로 묶어버리는 아이러니한 사태를 자연스러운 일로 받아들일 수는 없다.

소월 시를 수용하는 후대의 정치적 이념과 지향성이 오히려 진실을 가려버리는 사태는 이제는 극복해야 한다. 가령 소월을 민족주의 시인으로 평가한다든지 혁명 시인의 반열로 올리는 것에 대해 생각해 보자. 남한이든 북한이든, 좌익이든 우익이든, 소월에 대한 이런 방식의 평가들은 후대의 수용 주체들이 지닌 정치적 이념이 과도하게 투사된 결과이다. 이는 결코 과장이 아니며 명약관화한 사실이다. 소월이 '혁명'을 이야기했다거나 인민의 이념에 근거를 두었다는 것, 아니면 사회주의 사상에 맞서 민족주의 사상을 설파했다는 것은 어떤 문헌적 사실을 통해서도 확인할 수 없다. 마찬가지로 소월이 민족주의 사상에 입각해서 문학적 주장을 펼치거나 정치적 활동을 했다는 증거 역시 거의 찾을 수 없다. 결국 이런 종류의 평가는 허구이거나 적어도 과잉 평가라고 말하지 않을 수 없다.

한편, 남한과 북한의 문학사 서술에서 모두 소월에게 '민족시인'이란 범박한 칭호를 붙이기도 한다. 이런 칭호 역시 문제가 있기는 마찬가지이다. 소월 자신이 '조선', 혹은 조선 '민족'이란 용어를 사용하고 이에 대해 언급한 문헌 자료는 많이 있다. 또한 소월 시의 정서, 율격, 주제 등에 대해 논할 때 '조선적인 것', 혹은 '조선 민족'의 삶이란 맥락을 고려하지 않으며 설명될 수 없는 부분이 많은 것도 사실이다. 하지만 소월에 대한 해석과 평가가 '조선' 혹은 '민족'이란 특수한 정치 공동체에 한정되는 순간, 소월의 삶과 문학 중에서 '조선' 혹은 '민족'으로 환원되지 않는 부분들의 내밀한 진실

자체는 우리 기억에서 완전히 지워질 위험이 생겨난다. 문학, 그것도 서정시라는 가장 섬세하고 내밀한 언어의 영역들을 '민족'이란 정체성에 가두는 순간, 우리는 김소월이 직면했을 그 숱한 정신적 고뇌와 갈등, 내밀한 욕망과 자기 모순적인 충동에는 더 이상 눈을 돌릴 수 없는 것이다. 소월이 시 텍스트에 드러냈던 그 다양한 가면(페르소나)들이 '민족'의 이념적 함의로 귀속되어 버리면, 그의 시는 단지 무미건조한 정치 텍스트로 전락해 버리는 것이다. 이 과정에서 소월 시의 문학성에 대한 과도한 신비화마저 개입해 버리면 소월이란 인물의 삶과 문학에 대한 진정한 가치평가는 위기에 봉착할 가능성이 높다.

우리가 소월에 대해 말할 수 있는 진실의 범위는 매우 제한적이다. 소월의 참된 면모를 드러내기 위해 이 평전에서 선택한 기본 시각을 미리 제시할 필요가 있다.

먼저, 소월의 삶과 문학에 등장하는 그 다양한 페르소나들을 생각할 때 '김소월'이란 시인의 정체성은 특정 이념이나 정치 이데올로기로 환원될 수 없는 것이다. 소월의 페르소나는, 가령 엄마(혹은 누나)를 그리워하는 퇴행적인 어린아이, 헤어진 임을 그리워하면서 원망하는 여인, 조상의 넋을 기리는 후손, 도시의 밤거리를 헤매는 근대 지식인, '삼수갑산(三水甲山)'이란 유폐의 공간에 갇혀 고향을 그리워하는 사람, 게으

름과 무능을 자책하는 소시민, 민족의 실력을 양성하자는 준비론자, 고향을 잃고 떠도는 실향민 등 다양한 표상으로 시 텍스트에 등장한다.

소월은 특정한 정체성에 자신을 고정시키지 않았고, 스스로를 그 수많은 존재들의 목소리가 전해지는 통로로 내주었다. 그러니까 소월은 중심이 부재하는 열린 '주체'가 됨으로써 그 무수한 타자적 존재들이 슬픈 얼굴을 내비치고 고뇌에 찬 목소리가 공명(共鳴)하게 하는 매개자의 역할을 자임했던 것이다. 오늘날 우리 해석 공동체가 이러한 '부재하는 중심'을 특정 정치 이념으로 채우려는 욕망을 보인다면, 그것은 소월의 삶과 문학에 대한 올바른 이해를 가로막는 결과를 낳을 수밖에 없다.

한편, 소월의 삶과 문학을 바라보는 편향된 시각이 또 하나 있다. 소월을 '전통'에 고정시키려 이해하는 경향이 그것이다. 물론 소월 시가 운율과 정조, 소재와 주제 등에 있어 전통 지향성을 보여주었다는 점은 분명한 사실이다. 백조파나 카프 시인들, 혹은 정지용·김기림·이상 같은 모더니스트나 전위주의자들이 시에 담아낸 현대성의 체험, 즉 서구 현대 문명에서 촉발된 감수성과 언어 혁명과 비교하면, 소월의 삶과 문학은 명백히 '전통' 지향적이라고 규정할 수 있다. 문제는 소월의 삶과 문학을 '전통'에 결박시키는 순간, 소월이 지닌 현대 시인의 면모는 완전히 가려지고 만다는 점이다.

소월은 진정한 의미에서 전통과 근대의 양면적 속성을 동시에 체현한 존재이다. 즉, 그는 전통주의 시인이자 근대주의 시인이었던 것이다. 소월은 시조나 한시, 민요 같은 다양한 전통 문학 갈래에 관심을 기울였지만 그것은 새로운 운율을 만들어내기 위한 것이었다. 또한 그는 전통적 정한을 노래했지만 그것은 식민지 근대의 비극적 유명을 노래하기 위한 것이었다.

우리는 앞에서 제시한 모순된 진술을 받아들이지 않으면 안 되는 지점에 와 있다. 역설적으로 표현하면, 소월이 '전통'에 매달리는 현상 자체가 바로 그의 삶과 문학이 지닌 현대성을 입증하는 것이다. 소월은 '왜' 전통을 찾아갔는가? 그것은 소월이 '(식민지적) 근대'의 심연을 직시한 시인이었기 때문이다. 소월은 '왜' 옛 조상의 목소리를 받아들였는가? 그것은 소월이 지식 차원에서 습득한 문명(혹은 과학)의 언어로는 식민지 시대의 허무를 표현할 도리가 없음을 명민하게 간파했기 때문이다.

데카르트의 '방법적 회의'란 말을 빌려 표현하자면, 소월은 전통을 향해 '방법적 회귀'를 단행한 근대주의자였다고 말할 수 있다. 그의 전통 회귀는 '회귀' 그 자체에 목적이 있는 것이 아니었다. 전통 회귀란 식민지 근대의 심연과 허무의식을 드러낼 회심의 우회로였다. 이런 관점은 자기 모순적이지만 소월의 삶과 문학의 근대적 성격을 설명하는 데 있어서 매우 기능적이다. 자유시 형성에 결정적인 역할을 담당했던 소월이라고 보면, '소월은 근대 시인이다.'라는 명제는 동어반복에 불과하다. 하지만 '전통시인'이란 칭호가 소월의 시에 내재한 근대적 특성을 은폐한다는 점을 고려하면, 이런 종류의 동어반복은 불가피한 것이 아닐 수 없다.

내면적 인간의 탄생 - '김소월은 근대 시인이다'

동어반복의 지루함을 무릅쓰고 우리는 이제 '김소월은 근대 시인이다.'란 명제를 내세운다. 이 명제를 놓치면 소월에겐 한국적 전통을 계승하기 위해 비극적인 삶을 살다간 위대한 '민족시인'이란 과장된 신화화가 덧씌워질 수 있다. 이 경우 소월의 문학 자체는 근대성을 결여한 전통 지향의 낡은 문학 유산으로 여겨질 위험도 있다. 반면 이 명제를 승인함으로써 우리는 암울한 식민지 현실을 가로질러 가야 했던 소월의 그 비극적인 상실의식, 내면의 좌절과 비애, 꿈과 희망을 새롭게 근대성의 관점에서 실체화할 수 있는 근거를 마련할 수 있다. [5]

'김소월은 근대 시인이다.' 이 명제는 소월이 살았던 식민지 시대가 온전한 근대 사회가 아니었다는 사실과 충돌한다. 애국계몽기에 끓어올랐던 자주적 독립국가에 대한 열망, 즉 근대적 국민국가 수립에 대한 열망은 1910년에 완성된 일본 제국주의의 국권 찬탈과 이어진 식민 통치로 인해 물거품이 되었다. 이후 우리 사회는 일본의 식민 치하에서 '근대'-일본 화된 서구-적 제도와 가치를 왜곡된 방식으로 이식하게 되었다. 이 과정에서 불가피하게 전통과 근대, 동양(한국)과 서양의 상호 이질적 문화 사이에 충돌이 생겨났다. 이 문제는 식민 질서에의 '순응/저항'의 문제와 결부되면서, '근대'의 성취 방법을 둘러싸고 다양한 이념적 지향이 공존·대립하는 극심한 혼란 상황을 초래하였다.

식민지 사회에서 문학과 예술 분야는 정치나 경제 분야보다 상대적으로 빠르게 '근대'의 성취를 향해 내달리기 시작했다. 국권상실 초기에 근대의 사상과 학문을 익히기 위해 현해탄을 건너갔던 초기 일본 유학생들 중 상당수는 자신들의 청춘을 정작 문학과 예술에 헌납했다. 최남선과 이광수, 김억과 주요한, 김동인과 염상섭 같은 초기 근대 문인들이 좋은 예이다. 이들 식민지 지식인에게 서구 근대 문학과 예술의 성취는 근대 정치 체제나 경제 질서의 수용보다 훨씬 중요한 의미를 지녔던 것이다. '식민지 근대'가 '불완전한(혹은 왜곡된)' 근대였음에도 불구하고, '김소월은 근대시인이다.'란 명제가 유효한 명제가 될 수 있는 것은 이런 맥락과 관련이 있다.

우리는 이제 김소월의 삶과 문학 중에서 과연 어떤 측면을 근거로 '근대성'을 판명할 것인가에 대해 고민해야 한다. 근대 문학과 전통 문학은 '내면'적 인간이 탄생하는 지점에서 서로 갈라진다.[6] 주지하듯이 '내면의 발견'은 근대 문학의 출현을 알리는 신호탄이다. 풍경(자연)과 분리된 내면의 발견(혹은 창출)에 도달한 '내면적 인간'이 바로 '근대적 자아'인 것이다. 근대적 자아는 전통이라는 선험적 질서나 낡은 관습에 더 이상 얽매이지 않고 자신의 운명을 스스로 개척해 나가는 개성적(個性的) 인간이다. 서정시이든 소설이든 근대 문학이라면 응당 이 개성적 자아의 내면을 드러내는 것이 아니면 안 된다.

소월—과 동시대 시인들—의 천재성은 자신의 문학을 통해 내면적 인간을 창출해낸 점에서 찾을 수 있다. 특히 소월은 식민지 근대라는 왜곡된 현실 속에서 고뇌할 수밖에 없는 내면적 인간의 형상을 창조하였고, 그런 인간의 내면 의식 공간을 서정적 체험이 작동하는 정서적 공간으로 전환시켰다. 비록 근대성의 실현은 요원했던 상황이었지만 소월은 식민지 근대의 분열적인 징후들을 예리하게 포착한 다음, 이를 문학적 형상화로 이끌고 갔던 것이다. 이는 소월 시에 나타난 연애 모티브만 보아도 알 수 있다.

근대문학에서 연애는 '사랑'이라는 낭만적인 감정, 특히 사랑의 대상을 잃어버린 주인공의 비애와 상실감을 통해 소위 근대적 자아의 내면을 드러내는 데 효과적인 모티브였다. 근대적 사랑과 연애는 특히 전근대적 인륜 질서의 부조리함을 드러내고 개인의 자유로운 감성과 내면적 고뇌를 새로운 시대의 감성으로 부각시키는 데 도움을 주었다. 최초의 자유시로 일컬어지는 주요한의 〈불놀이〉, 백조파를 주도한 낭만파 시인 이상화의 대표작 〈나의 침실로〉가 이런 사랑과 연애의 모티브를 갖추고 있음은 당연한 일이라 하겠다. 〈진달래꽃〉을 위시한 소월의 일련의 작품 역시 사랑과 연애 모티브를 통해 근대적 자아의 비극적인 내면의식을 드러내고 있는 것이 사실이다.[7]

시대 현실과의 불화, 전통 윤리나 인습의 억압, 이상과 현실의 괴리 등으로 인해 고통받는, 고독한 개인의 내면 의식을 드러내는 것. 소위 '내면'의 발견과 묘사를 근대시 성립의 표징으로 간주한다면, 이제 우리는 소월이 이런 표징을 선취한 근대 시인이란 평가에 도달할 수 있다. 이 지점에서 우리는 소월의 시 텍스트에 등장하는 시적 주체의 혼종성, 내면적 갈등과 고뇌의 표출 양상, 자기 모순적인 감정과 충동들을 하나하나 점검하고 확인하는 작업을 시작해야 한다. 하지만 이는 이 평전이 감당할 수 있는 논의의 범위와 수준을 훨씬 초과하는 것임을 밝혀둔다.

이 평전은 문학 비평가의 입장에서 소월의 시 텍스트를 총체적으로 분석하려는 것은 아니다. 이 평전에 주어진 몫은 '김소월'이라는 한 '위대한' 시인의 비루했던 삶과 위대했던 정신의 초점화에 한정되어 있다. 따라서 이 평전에서는 소월의 삶의 궤적을 순차적으로 추적하는 가운데, 소월이 발표했던 시 작품의 어떤 부분들이 과연 근대(시)적 성취에 해당하는 것인지에 대해 살펴보고자 한다. 그러니까 '김소월'이라는, 한 '미성숙한' ─혹은 '여전히 형성 중에 있는' ─ 존재가 보여주었던 삶의 궤적과 문학적 변모를 함께 살펴보면서, 오늘날 우리가 소월의 어떤 면모를 어떤 관점에서 수용해야 하는가에 대해 함께 고민해 보려는 것이다.

2 평북 정주의 로컬리티 : 김소월의 성장 과정

山턱 원두막은 뷔였나 불빛이 외롭다
헝겊심지에 아즈까리 기름의 쪼는 소리가 들리는 듯하다

잠자리 조을든 문허진 城터
반딧불이 난다 파란 魂들 같다
어데서 말 있는 듯이 크다란 山새 한 마리 어두운 골짜기로 난다

헐리다 남은 城門이
한울빛같이 훤하다
날이 밝으면 또 메기수염의 늙은이가 청배를 팔러 올 것이다
— 백석, 〈정주성〉 전문

한국 문학의 성소, 평북 정주의 혼종성

시 〈정주성〉을 남긴 시인 백석(白石)은 소월의 동향 출신이

자 오산학교 후배이다. 〈정주성〉의 "문허진 城터"(2연), "헐리다 남은 城門"(3연)에 나타난 폐허의 이미지는 역사의 무상감, 혹은 고적감이나 비애를 불러일으킨다. 이는 정주성이 홍경래의 난(1811~1812), 그 패배의 역사에 대한 기억을 담은 공간이란 사실(史實)과 오버랩 될 때 그 의미가 보다 명확해진다. 백석의 이 작품은 정주성에 대한 묘사를 통해 식민지 시대에 우리 민중이 보편적으로 경험하고 있던 상실의식을 환기하고 있는 것이다. 이렇게 볼 때 정주성의 그 고적하고 음울한 풍경은 식민지 현실을 살아내야 했던 우리 민족의 마음속 풍경에 대한 은유라고 할 수 있다. 소월 역시 정주성을 소재로 한 작품을 남겨놓았다.

그 누가 생각하랴 삼백년래(三百年來)에
참아 받지 다 못할 한과 모욕을
못 이겨 칼을 잡고 일어섰다가
인력의 다함에서 스러진 줄을

부러진 대쪽으로 활을 메우고
녹슬은 호미쇠로 칼을 별러서
도독(茶毒) 된 삼천리에 북을 울리며
정의의 기를 들던 그 사람이여.

그 누가 기억하랴 다북동(茶北洞)에서
피물든 옷을 입고 외치던 일을
정주성 하룻밤의 지는 달빛에
애끊긴 그 가슴이 숯이 된 줄을.

물 위에 뜬 마름에 아침 이슬을
불붙는 산마루에 피었던 꽃을
지금에 우러르며 나는 우노라
이루며 못 이룸에 박(薄)한 이름을.

— 〈물마름〉 부분

〈물마름〉(《조선문단》, 1925년 4월)은 소월이 어릴 적 숙모에게 이야기를 들었던 홍경래의 난을 모티브로 삼고 있다. 봉건 사회의 질곡과 서도인의 차별에 항거하여 봉기한 홍경래와 반란군은 관군과의 싸움에서 밀려 마지막으로 정주성에 피신했다. 그들은 이곳에서 관군과 최후의 전투를 벌인 끝에 대부분 죽임을 당했다. 하지만 오랜 세월 동안 핍박을 당했던 서도인(西道人)들이 "정의의 기"를 높이 들고 봉건 권력의 중앙에 항거한 사건은 이후 서도인들의 가슴 속에 살아 있는 전설이 되었다.

우선 이 작품의 소멸(혹은 죽음) 이미지를 주목해 보자. 화자는 홍경래의 죽음을 '지는 달빛'에 숯이 되어 버린 '가슴', 풀

위에 맺혔다가 사라지는 '아침 이슬', 불붙듯 피어났다가 지는 '꽃' 등으로 비유한다. 이런 비유는 홍경래의 죽음을 비극적이지만 매혹적인 죽음으로 부각시킨다. 어쩌면 소월은 홍경래라는, '너무 일찍 태어난 영웅'의 죽음 앞에서 일종의 비극적 황홀을 느꼈을 것이다. 시 〈물마름〉의 창작 동기는 이 비극적 황홀이 아니면 설명하기 어렵다. 그렇다면 화자가 '아침 이슬'과 '꽃'을 우러르면서 눈물을 흘린 까닭은 무엇일까? 그것은 화자가 홍경래 같은 영웅을 필요로 하는 식민지 시대를 살아간 시인이기 때문이다. 민중 영웅 홍경래는 소월 시에서 식민지 시대 우리 민족이 목마르게 갈망했던 민족 영웅으로 거듭나고 있는 것이다.

홍경래의 난을 떠올리지 않더라도, '평북 정주'란 공간이 한국 역사(특히 문학사)에서 지닌 의미는 각별하다. 우선 정주 출신의 주요 문인으로는 소월 이외에도, 이광수(1912~?), 김억(1896~?), 백석(1912~1995) 등 우리 근대문학사에서 별과 같이 빛나는 소설가, 시인들을 꼽을 수 있다. 정주는 이런 문인들의 정신을 배태한 공간이자 문학 작품 속에서 묘사의 대상이 되기도 하였다. 가령 우리가 잘 알고 있는 백석의 초기시는 대부분 '정주'의 풍경과 풍속 묘사가 그 중심을 이루고 있다. 소월은 그런 백석이 가장 존경하는 시인 중의 한 사람이었다. 소월 시의 많은 부분, 가령 설화성과 토속성, 민간 풍속과 종교적 제의 등은 백석 시에서 풍요로운 모습으로 재탄생할 수 있었다.

정주 출신의 시인 중에서 소월보다 6년 먼저 태어난 안서(岸曙) 김억(金億)을 주목할 필요가 있다. 김억은 오산학교 교사로 근무하던 중 먼 친척뻘인 소월을 제자로 맞이하였다. 그는 소월을 문학(시)의 세계로 인도하였고 소월이 시인의 길로 들어서는 데 가장 결정적 역할을 한 인물이다. 그는 소월의 작품을 문학잡지에 발표하고 소월의 문단 활동을 도와준 것은 물론, 소월 생전과 사후에 두 차례나 시집을 엮어 출판하는 수고로움을 떠맡았다. 김억이란 위대한 스승이자 조력자가 없었다면 오늘날 한국문학사에서 소월이란 인물은 대중들의 기억에서 완전히 사라졌을지도 모른다.

이렇게 위대한 시인들이 '평북 정주'에서 배출된 이유는 무엇인가? 이는 평북 정주 지역의 로컬리티(Locality)에 대해 묻는 것과 같다. 평북 정주의 지리적·공간적 특성은 혼종성이란 말로 설명할 수 있다. 정주를 포함해 평안도 지역은 오랜 세월 동안 '한양'으로 표상되는 봉건 지배 권력의 중심부에서 바깥으로 밀려나 소외와 차별을 감내해야 했다. 19세기 초 이 지역에서 홍경래의 난이 발생한 것, 그리고 조선의 봉건질서가 와해되는 과정에서 다른 지역보다 폭넓고 빠르게 새 시대의 기운이 싹튼 것도 이 지역이 겪었던 소외와 차별의 역사에 그 원인이 있다. 그 결과 이 지역은 기독교 같은 외래 종교[8], 서구 문물과 사상이 물밀 듯이 쏟아져 들어오던 19세기 말과 20세기 초에 다른 어떤 곳보다 발 빠르게 근대 문화와 교육 시스템을 받아들여 뛰어난 근대 지식인과 민족 지사(志士)들을 배출할 수 있었다.[9]

특히 정주 지역은 평안도에서도 교통의 요충지로서 교역에 유리한 지리적 환경을 지니고 있었다. 이로 인해 상공업과 무역이 발달할 수 있었고, 근대적 의미에서 부를 축적한 신흥계급들이 형성되고 있었으며, 근대 민족 사상에 새롭게 눈을 뜬 선각자들도 많이 배출되었다. 조선의 봉건 질서로부터 벗어나 근대적 의미의 독립국가에 대한 열망이 싹트던 시기를 맞이하여, 정주 지역은 변방에서 벗어나 정치와 문화의 새로운 중심으로 부상하기 시작했다. 그 결과 정주는 전통과 근대라는 상이한 시대가 공존하는, 그래서 다양한 가치, 문화, 종교가 혼재하는 혼종(混種 · hybrid)의 시공간으로 변모하게 되었다. 여기서 안창호의 영향으로 민족 사상에 눈을 뜬 남강 이승훈이 재산을 쏟아 부어 정주에 오산학교를 설립한 점에 주목할 필요가 있다. 오산학교는 민족의식을 지닌 우수한 인재를 양성하는 데 힘을 썼고, 이 인재들은 훗날 해방 전후에 국가 동량으로 성장하기에 이르렀다. 이런 사실은 평북 정주가 우리 근대사에서 지니는 위상이나 의미가 결코 만만치 않음을 잘 보여준다 하겠다.

가족이란 인류 공동체

가족은 인류적 이념을 실현하는 가장 작은 단위의 공동체이다. 개인은 혼인 혹은 혈연으로 맺어진 가족 관계를 통해세계와의 관계맺음을 시작하고 이 관계맺음을 가족 바깥으로 점차 확장시켜 시민사회·국가와 같이 보다 큰 인류 공동체의 일원으로 삶을 살아가게 된다.[10] 이런 점에서 한 인간의성장과정에 유·무형의 영향을 끼치는 가족 관계와 환경을이해하는 것이 매우 중요하다. 그것이 한 사람의 성정(性情), 심리, 가치관과 세계관, 윤리의식 등을 설명하는 데 도움을주기 때문이다. 소월의 삶과 문학의 특징을 설명하는 데 있어서도 그의 가족에 대한 선이해(先理解)는 필요하다.

소월의 문학 작품 중에는 가족을 소재로 한 것이 여럿 있다. 웬만한 사람이면 가수 양희은의 노래 "낙엽이 우수수 떨어질 때/겨울의 기나긴 밤/어머님하고 둘이 앉아/옛 이야기들어라// 나는 어쩌면 생겨나와/이 이야기 듣는가/묻지도 말아라 내일 날에/내가 부모 되어서 알아보랴"(〈부모〉 전문)를 들어본 기억이 있을 것이다. 대중에게 널리 사랑을 받은 이 노랫말은 본래 김소월의 시였다. 이 시의 화자는 어느 겨울밤

어머니에게 옛이야기를 듣고 있다. 그 옛이야기의 소재나 내용이 무엇인지 알 수는 없다. 하지만 모자가 함께 앉아 두런두런 이야기꽃을 피우는 장면을 상상하는 것만으로도 정겨움을 느끼기에 충분하다. 이 시의 화자는 자신이 어떻게 '생겨나와', 이 겨울밤에 '어머니'와 옛이야기를 나누게 되었는가 하는 궁금증에 사로잡혀 있다. 부모에게 핏줄을 이어받아 인륜 질서를 이루며 살아가는 것은 인연(혹은 天倫)이라는 말이 아니면 설명이 어렵다. 게다가 부모 자식 간의 '인연'이란 부정할 수 없는 어떤 운명의 힘이 작용한 결과가 아닐 수 없다. 이 시의 화자는 자신이 이런 운명의 불가사의함에 해답을 내릴 처지가 아니며, 그래서 자신이 먼 훗날 누군가의 부모가 되었을 때 자기 부모가 해주었던 그 옛이야기를 자식에게 또다시 전해주면서 그 비밀을 알아보겠노라고 말하고 있다. 가족의 역사는 이런 방식으로 생겨나고 또 세대를 이어가며 삶의 지혜가 전해지는 것이다. 소월 시에서 가족—특히 어머니—은 대체로 자애롭고 정겨운 존재(들)로 그려진다. 그렇다면 어린 시절 소월의 실제 가족은 어떠했을까?[11] 몇 가지 요소를 빼면 그의 가족은 시에 그려진 가족의 모습과 크게 다르지 않다.

　김소월은 1902년 8월 6일(음력) 평안북도 정주군 곽산면 남단리에서 태어났다. 이곳은 공주 김씨(公州金氏)가 오랜 세월 동안 집성촌을 이루어 살고 있었던 마을이었다. 소월의 집안은 이 마을에서 오랜 세월 동안 대를 이어왔다고 한다. 소월의 조부 김상주(金相疇)는 당시 대부분의 양반 계층 사람들처럼 유교 사상에 철저했으며, 대가족의 가장으로서 경제적·정신적 측면에서 절대 권위를 행사했다고 한다. 또한 그는 학문적 식견도 있어 신문물에 개방적이었으며 항렬도 높아 집성촌 내부에서 지도적 위치에 있었다. 여기에는 그의 경제 기반도 영향을 끼쳤을 것이다. 그는 일찌감치 금광에 눈을 떠 서울 등지를 오가면서 이와 관련한 사업을 벌였으며 마침내 소월의 나이 여덟 살 무렵 고향 인근(동경동)에서 노다지 광산을 발견하고 '벼락부자'의 꿈을 실현하기도 했다.

소월은 조부 김상주의 큰 아들 김성도(金性燾)의 첫아들로 태어났다.[12] 경제적으로 유복할 뿐만 아니라 마을에서 존경받는 집안의 귀한 장손으로 축복을 한 몸에 받으며 태어난 것이다. 그런 만큼 김소월에 대한 가족 및 마을 사람들의 관심과 애정은 각별할 수밖에 없었다. 하지만 소월이 세 살 무렵 그의 일가에는 큰 불행이 닥쳤다. 그의 아버지 김성도가 귀한 음식을 해서 처가에 친행을 가던 중, 정주-곽산 간 철도 부설 공사 현장에서 맞닥뜨린 일본인 인부들과 시비가 붙어 집단 폭행을 당하는 사건이 발생한 것이다. 집단 폭행의 후유증으로 인해 김성도는 정신병자가 되어 일생 동안 불구의 삶을 살아가야만 했다. 이런 불행을 겪은 소월의 조부와 모친, 일가친척과 마을 사람들이 소월에 기울인 관심과 사랑은 형용할 수 없을 정도였다고 한다.

소월은 성장하면서 오히려 주위 사람들의 관심과 사랑에 거리감을 느끼기도 했다. 맹목적인 사랑을 보이는 모친도 그렇지만, 지나치게 엄격하신 할아버지는 소월에게 정신적으로 부담을 안겨 주었다. 그럴수록 소월에겐 '아버지'의 빈자리가 더욱 크게 느껴졌을 것이다. 김소월의 삶과 문학에서 아버지는 '아버지'다운 형상으로 등장하지 않는다. 진정한 의미의 '아버지'란 그의 문학에서 찾아보기 어려운 것이다. '부재'의 존재로서의 아버지는 소월 시의 밑바탕을 이루는 결핍의 서사에 근본적인 원인을 제공했다고 해도 과언이 아닐 것이다.

물론 소월은 그런 아버지 자신을 한번도 원망의 대상으로 여기지 않았다. 그는 아버지의 불행에 대해 가슴 아파했고 연민의 감정도 품었다. 그리고 이런 감정은 일본(인)에 대한 분노와 저항심으로 이어졌다. 하지만 소월이 자신의 아버지를 통해, 성장기 아이에게 '아버지'란 존재가 주는 그 정신적 의미를 찾을 수는 없었던 것은 분명하다. 아버지의 빈자리는 다른 무엇으로 채워질 수 없는 절대적인 결핍으로 인식되었던 것이다.[13]

'부성'의 결핍은 역설적으로 '모성'에의 경사를 낳는다. 소월의 어린 시절은 아버지의 빈자리를 대신해서 모성적 존재들로 채워지기 시작했다.[14] 그의 어머니(장경숙)는 정신 질환으로 인해 정상 생활을 할 수 없었던 남편 대신에 아들에게 사랑을 쏟아 부었다. 소월이 세 살이 되던 해(1905년), 그의 큰삼촌 김학도와 혼인을 한 숙모 계희영 역시 소월의 삶에 중요한 영향을 끼친 인물이었다. 그녀는 집안의 큰살림을 꾸려 가던 소월의 어머니를 대신해 어린 소월을 돌보았다. 이 과정에서 그녀는 소월을 자식 이상으로 여겼고 서로 정신적인 의지처가 되기도 하였다. 주목할 점은 계희영이 오랜 시간을 두고 어린 소월에게 옛이야기(고전소설, 지역의 전설과 민담 등)나 노래를 들려주었다는 사실이다. 이는 어린 소월의 감수성 형성은 물론 문학 능력 형성에 중요한 밑바탕이 되었다고 평가된다. 소월이 위대한 시인으로 성장하여 천재성을 발현하기까지 숙모의 충만한 '모성'이 준 영향은 결코 간과할 수 없다.

엄마야 누나야 강변 살자,
뜰에는 반짝이는 금모랫빛,
뒷문 밖에는 갈잎의 노래
엄마야 누나야 강변 살자.

-〈엄마야, 누나야〉 전문

〈엄마야 누나야〉의 애절한 느낌은 모성적인 것에 대한 아련한 그리움과 관련이 있다. 이 작품은 식민지의 척박한 현실, 안식과 평안을 얻을 수 없는 그 고난의 현실 속에서, 유토피아적 세계에 대한 소월의 간절한 소망을 노래한 것이다. 소월은 그 유토피아적 세계(즉 강변이란 공간)의 중심에 엄마와 누나라는 '모성적 존재'를 위치시키고 있다. 소월이 그리는 이상적 인류 공동체의 중심에는 '아버지' 대신 '어머니'가 있었던 것이다. 소월을 길러낸 수많은 '어머니'(할머니, 어머니, 숙모 등)가 소월에게 끼친 영향은 그만큼 절대적이었다.

남산학교와 오산학교 - 소월을 길러낸 근대 교육

소월은 어린 시절부터 일찌감치 천재성을 발휘하기 시작했다. 할아버지의 등에 업혀 자라던 어린 시절에 이미 천자문을 외웠으며 숙모에게 한번 들은 노래나 이야기를 그대로 구술하기도 해 가족과 이웃을 놀라게 했다고 한다. 마침 고향에 설립(1905년)되어 있던 남산학교 입학이 계기가 되어 소월은 전통 학문 대신 신학문을 접하게 된다. 소월의 조부는 여덟 살이 된 소월을 이 학교에 입학시켜 신학문의 길을 열어주었다. 그는 농촌의 지주(地主)로서의 지위에 만족하지 않고 사업차 서울을 오가며 광산업을 도모했던 사람이다. 그런 까닭에 그는 신학문과 신식 교육에 비교적 개방적이었던 것으로 보인다.

'남산학교'는 오늘날 초등학교 과정에 해당하는 교육을 시킨 사립학교이다. 구한말 개화 운동의 분위기 속에서 공주 김씨 집안과 마을 사람들이 힘을 합쳐 설립한 학교인 것이다.[15] 그런 까닭에 공주 김씨 문중뿐만 아니라 인근의 다른 문중, 더 나아가 함경도 함흥에서 좋은 사람들을 뽑아다가 교사로 채용하였다고 한다. 소월로서는 신문명에 눈을 뜬, 그것도 민족사상과 애국의식이 투철한 젊은 선각자들 밑에서 공부할 기회가 열린 것이다. 남산학교 교육을 통해 소월은 검약과 절제의 생활 태도를 익혔고, 나라와 민족에 대한 사랑에 눈을 뜨기 시작했다. 남달리 영특했던 소월은 학업 면에서 놀라운 성취를 보여 주었다. 거의 모든 과목에서 만점을 받았으며, 특히 글쓰기에서 비범한 능력을 발휘하여 주변 사람들을 놀라게 했다고 한다.

남산학교에서 4년간 교육을 받은 소월은 마땅히 진학할 상급학교를 찾지 못한 채 3년가량 고향에 머물렀다. 그러다가 15세가 되던 1917년에 소월은 마침내 고향 인근의 오산학교 중학부에 진학하게 되었다. 남강 이승훈에 의해 설립된 오산학교는 이 당시 고당(古堂) 조만식(曺晩植) 선생이 교장으로 재직하고 있었으며, 젊은 신지식인들이 교사로 활동하고 있었다.

오산학교는 종교적 측면에서 기독교가, 사상적 측면에서 민족주의가 교풍으로 자리 잡고 있었다. 소월이 부잣집 장손으로 성장하면서도 검약과 절제의 습성을 지녔던 점, 훗날 시 작품을 통해 나라 잃은 민족의 설움을 노래하고 투철한 민족의식 드러냈던 사실 등을 고려하면 오산학교의 민족 교육이 소월의 삶과 문학에 절대적인 영향을 끼쳤음을 추정할 수 있다.

오산학교 입학은 소월이 문학에 입문하는 결정적 계기를 마련하였다. 이곳에서 소월은 운명적으로 필생의 스승 김억과 만났다. 이 당시 김억은 이미 문단에서 신시(新詩)의 선구자로 자리매김하는 중이었다. 그런 김억이 어린 시절부터 문재(文才)를 떨친 소월에게 본격적인 문학 수업을 시작한 것이다. 두 사람 사이의 문학적 영향 관계에 대해서는 뒤에서 상술하겠거니와, 여기선 먼저 소월에 대한 김억의 사랑이 거의 절대적인 것이었음을 밝혀 둔다.

소월이 '우리말'을 다루는 유려한 솜씨, 특히 민요조 율격의 구사를 위해 말을 가다듬는 능력을 높이 샀던[16] 김억은 소월의 문단 활동을 안내하고 매개하는 역할을 자임했다. 또한 소월이 죽은 1934년 이후에도 그를 우리 문단의 가장 보배로운 시인으로 알리는 데 정력을 아끼지 않았다. 오늘날 우리가 소월을 식민지 시대를 대표하는 시인이라고 평가하게 된 것도 김억의 정력적인 활동이 아니었으면 불가능했지 모른다. 소월의 비극적인 요절을 누구보다 안타까워했던 김억이 소월의 유고를 끌어모아 시집 《소월시초》(박문출판사, 1939)를 간행한 것만 보아도 그의 공헌이 얼마나 큰 것인지 알 수 있다. 오산학교가 소월에게 주는 의미의 절반은 바로 김억과의 만남에 있다고 해도 과언이 아닐 것이다.

　오산학교에서의 학업은 외적 요인으로 인해 중단되고 말았다. 오산학교의 구성원들이 1919년 3·1 운동에 적극 참여한 것을 계기로 총독부가 일시 폐교조치를 했기 때문이다.[17] 1920년 졸업이 예정되어 있던 소월은 수료 예정 증명만 받고 학업을 중단해야 했다. 이 당시 소월 역시 3·1 운동에 적극 참여하였다고 한다.[18] 오산학교의 민족주의적인 분위기에 영향을 받은 소월로서는 당연한 일이 아닐 수 없었다. 게다가 아버지가 일본인에게 폭행을 당했고 그 후유증으로 정신분열증을 앓으며 살아가는 모습을 어린 시절부터 지켜보며 성장한 소월은 마음속에 일본에 대한 저항심을 품었을 것이다. 이런 소월이 3·1 운동의 격랑에 휩쓸리는 것은 불가피한 운명이었다고 볼 수 있다. 일설에는 소월이 오산학교가 일본 관헌의 방화로 전소되는 사건[19]을 직접 목도하고 심한 정신적 충격을 받았다고 전해지기도 한다.

　오산학교에서의 수학을 중단한 후 소월은 약 3년간 고향에 머물렀다. 새로운 학문과 근대 문학에 대한 그의 열망은 컸지만, 조부는 불구의 삶을 살아가던 아들 대신에 장손을 가까이 두고 싶어 했다. 계희영의 회고에 의하면, 이 당시 소월은 자신을 억누르기만 하는 완고한 조부에 대한 불만을 품고 있었고, 이 불만을 어머니나 숙모에게 자주 토로했었다고 한다. 행여 독립운동에 나설 경우 사랑하는 손자를 잃을까 저어했던 조부는 소월이 고향에 머물 것을 고집했다. 하지만 이미 새로운 학문과 사상, 문학에 눈을 뜬 소월은 조부(그리고 가족)의 그늘에서 벗어나 넓은 세상으로 나아가 학업을 이어가고 싶어 했다.

마침내 소월은 조부를 설득하여 고집을 꺾는 데 성공했다. 그리고 서울로 가서 배재고등보통학교 4학년에 편입해 1년 만에 졸업한 후 일본 유학길에 오르게 되었다. 그리고 1923년 4월 도일(渡日)하여 마침내 동경대학 상대에 진학하기에 이르렀다. 시인이었던 소월이 문과대학 대신에 상대 진학한 것은 의외의 선택으로 비칠지 모른다. 김억의 다음 회상에 따르면 저간의 사정을 짐작할 수 있다.

소월이는 순정(殉情)의 사람은 아니외다. 어디까지든지 이지(理智)가 감정(感情)보다 승(勝)한 총명(聰明)한 사람이외다. 그러고 소위 심독(心毒)한 사람의 하나였습니다. 그러니 자연이 사물에 대하여 이해(利害)의 주판질을 잊어버릴 수가 없었던 것이외다. 다른 사정도 없는 바는 아니었거니와 이 시인이 시작(詩作)을 중지하고 달리 생활의 길을 찾던 것도 그 실은 시로서는 생활을 할 수가 없다는 이지(理智)에서외다.

동경(東京) 가서 문과(文科)에 들지 아니하고 상과(商科)를 택한 것도 또한 그것의 하나외다. 그리고 아무리 감정(感情)이 쏠린다 하드래도 이지에 비최여보아서 아니다는 판단을 얻을 때에는 이 시인은 언제든지 고개를 흔들며 단념하던 것이외다. 강직(剛直)하였습니다. 상식하였는시라, 남의 살못을 빌견힐 때에는 용서하지 아니하였습니다. 한마디로 말하면 그는 어디까지든지 모난 편이요 이 편으로 저 편으로 둥글게는 있을 수 없는 사람이외다.[20]

양반 신분 출신임에도 새로운 문물과 경제에 밝았던 할아버지의 영향을 고려하면, 소월의 이런 선택이 결코 돌발적인 것은 아니었다. 소월은 한 집안의 장손으로서, 자신에게 부과된 책임을 무겁게 받아들이고 있었던 것이다. 비록 시 창작에서 비범한 능력을 확인했지만, 소월은 시인의 삶이 가족 부양과 가문 수호 같은 현실적인 문제를 해결하는 데 도움을 줄 수 없는 일이라는 것을 냉철하게 인식하고 있었던 것이다. 어쩌면 손자의 도일을 반대하고 고향에 붙잡아두려 했던 조부의 고집을 꺾기 위해서라도 소월이 상과대학 진학을 선택한 것은 불가피한 일이었을 수도 있다.

3 김소월의 초기시와 경계인의 내면 풍경

서울 거리가 좋다고 해요,
서울 밤이 좋다고 해요.
붉은 전등.
푸른 전등
나의 가슴의 속모를 곳의
푸른 전등은 고적합니다
붉은 전등은 고적합니다.
-김소월, 〈서울 밤〉에서

혼종의 시대, 그리고 경계인의 위치

평북 정주는 앞 장에서 밝혔듯이 전통과 근대, 낡은 시대의 잔여 문화와 새로운 시대의 신흥 문화가 공존하면서 길항

하던 혼종의 공간이었다. 정주의 혼종성과 관련하여 소월이 기독교와 민족주의 사상의 색채가 강한 오산학교에서 교육을 받은 사실은 주목을 요한다. 이 교육을 통해 소월은 근대적 지식인으로 성장했다. 하지만 가족과 이웃이 강요하는 전통 윤리의 중압 역시 무시할 수 없는 것이었다. 소월에게 고향 정주는 보호막이자 안식처였던 동시에 꿈과 이상을 가로막는 정신적 '감옥'이었던 셈이다.

청년 소월은 이 감옥에서 벗어날 생각으로 대처에 있는 상급학교로의 진학을 원했다. 이로 인한 소월과 가족 간의 갈등은 불가피했다. 조부와 모친은 소월의 재능을 누구보다 아꼈다. 하지만 소월은 장손의 역할을 맡아줄 것에 대한 그들의 기대와 요구를 결코 무시할 수 없었다. 소월은 오산학교를 마친 후 약 3년여간 고향에 머물면서 조부와 모친을 설득해야 했다. 결국 손자의 고집을 꺾을 수 없었던 조부의 허락이 떨어지자, 마침내 소월은 1922년 4월 서울에 있는 배재고등보통학교 5학년에 편입하여 1년 만에 졸업하고, 1923년 4월에는 보다 넓은 세계에서 새로운 학문과 사상, 예술을 익히고 나라와 민족을 위해 의미 있는 활동을 하고 싶다는 거대한 포부로 현해탄을 건너갔다. 그리고는 동경대학 상대에 입학하게 된 것이다.

청년 소월이 품었던 꿈과 이상은 현해탄을 건넜던 1910~20

년대 우리 지식인들이 품었던 꿈이나 이상과 다를 바 없었을 것이다. 일본 제국주의의 국권 침탈과 식민지배란 역사적 조건 하에서, 특히 강압적인 식민 통치와 수탈·착취에 비례해서, 이 당시 지식인과 일반 민중 사이에는 국권 회복에 대한 염원이 점차 고조되고 있었다. 3·1 운동의 실패와 좌절을 분기점으로 내재화의 국면으로 접어들긴 했어도 국권 회복의 염원과 의지만은 결코 약화된 것이 아니었다. 하지만 식민 통치에서 벗어나 독립을 이루겠다는 지식인과 민중의 소망을 실현하는 것은 실제로는 요원한 일이었다. 무엇보다 일제의 강압에 맞설 '저항의 주체'를 세우고 국권 회복의 비전을 되살리는 것이 요청되었다. 또한, 식민 치하의 민족 현실에 대한 냉정한 자기진단과 새로 건설할 사회에 대한 전망을 수립하는 것도 필요했다.

식민 치하에 있던 조선 사회의 혼종성은 다양한 측면에서 확인된다. 우선 일제 식민 지배라는 왜곡된 정치 체제하에서 신분, 문화, 관습 등 제 측면에서 봉건 사회의 유제(遺制)와 일제가 이식한 근대, 더 나아가 다양한 계몽운동 진영에 의해 추진된 서구적 근대가 마구 뒤섞여 '근대'에 대한 통일된 상이 마련되지 않았다. 이를 일컬어 '비동시적인 것의 동시성'이라 말할 수 있다. 상이한 시간·공간에 속한 문화 요소들이 하나의 시대에 공존하는 현상은 소월이 살았던 식민지 시대가 얼마만큼 자기모순적인 시대였고 자기변혁을 위한 투쟁이 스스로 요청된 시대였는지 잘 보여준다.

소월은 '경계인'의 위치에서, 이 혼종의 시대를 헤쳐나갔다. 물론 소월의 모색은 비극적인 좌절로 끝을 맺었다. 소월은 삶과 문학을 통해 전통과 근대, 혹은 조선적인 것과 서구적인 것 사이에서 어느 한쪽으로 완전히 기울지 않고 아슬아슬하게 줄타기를 하였다. 그가 걸어간 시인의 길 역시 경계인의 모습을 보여주기는 마찬가지였다. 재래의 가락과 정조를 바탕으로 조선 사람의 슬픔을 노래했다는 점에서 소월은 전통 시인이다. 하지만 그는 자유시를 완성하였고 주로 개인의 서정을 노래했다는 점에서 근대 시인이다. 그는 민담과 설화, 민요에 내재한 조선인의 숨결을 시에 살려냈다. 하지만 그는 서구의 근대 문예나 사상에 둔감한 사람이 결코 아니었다.

소월의 정체성은 어떤 하나로 환원되지 않는다. 그는 상이한 가치와 이념이 공존하고 대립·갈등하는 시대 상황 속에서 끝내 경계인의 삶을 살았던 시인이다. 역설적이게도 소월은 시대를 앞서 간 전통주의자이자 시대를 거스른 모더니스트였다. 자신을 어떤 중심에 세우려 하지 않았고, 그렇다고 자신의 중심에 어떤 고정된 정체성을 세우려고 하지도 않았다. 그에게 주체의 중심은 늘 비어 있었다. 이런 경계인의 정체성이야말로 소월이 떠맡은 근대시인의 비극적인 '운명'이었다.

김억이라는 스승 - 근대시와의 운명적인 만남

남산학교를 거쳐 오산학교 중학부에 진학한 소월은 글쓰기 과목에서 비범한 재능을 발휘하였다. 조부에게 한학을 배우고 숙모에게 옛이야기와 노래를 들으면서 형성된 언어적·문학적 소양 때문일 것이다. 어린 시절 소월이 남과 어울리기보다 책을 가까이 두고 부지런히 읽었다는 숙모 계희영의 회고를 보더라도, 소월이 시인으로 성장할 가능성은 어린 시절부터 잠재해 있었다고 말할 수 있겠다.

김억은 소월의 비범한 문재(文才)를 알아차리고 시인의 길을 안내한 스승이었다. 소월의 먼 친척뻘(소월의 6촌 누이가 김억의 처이다)이었던 김억은 비록 나이가 여섯 살이 많았고 스승의 입장이었지만, 사랑하는 제자 소월에게 술과 담배를 가르칠 정도로 서로 격의 없이 지냈다. 학교 안팎에서, 그리고 방학이나 혹은 휴교 중에는 서로의 집을 오가며 함께 시와 문학을 논하면서 시간 가는 줄 몰랐을 정도라고 한다. 김억은 오산학교 교사가 되기 이전에 일본 유학 과정에서 신문학에 눈을 뜬 시인이다. 그는 서구 근대 문예를 소개하는 문예지

〈태서문예신보〉(1918.9~1919.2)를 통해 프랑스 상징주의 시인과 시를 번역·소개하였다. 또한 김억은 상징주의에 입각하여 다수의 시론과 평론을 발표하였고, 근대 자유시의 운율과 형태를 완성하기 위해 선도적 역할을 자임하였다. 이런 노력은 훗날 우리나라 최초의 번역시집 『오뇌의 무도』(광익서관, 1921)를 포함해서 최초의 근대 시집으로 평가받는 『해파리의 노래』(조선도서주식회사, 1923)로 결실을 맺은 바 있다.

소월은 김억의 인도로 근대 서정시의 세계에 눈을 떴다. 또한, 근대 자유시 이념의 핵심인 '자유율'(내재율)의 실험에 참여하게 되었다. 최초의 자유시인 주요한의 〈불놀이〉가 발표된 해가 1919년이고 보면, 오산학교 시절 두 사람이 스승과 제자로 만나 서구 근대시와 한시를 번역하거나 민요(民謠)를 옮겨 적으면서 함께 우리말에 맞는 자유율을 실험하는 장면은 가히 문학사적 의미를 지닌다고 말할 수 있다. 오늘날 대중들에게 널리 사랑을 받는 소월 시의 대부분은 이 당시 김억과의 만남 중에 창작된 습작들이 그 모태가 되었다. 소월은 김억의 소개로 〈먼 후일〉(《학생계》, 1919.7)를 비롯하여 〈그리워〉, 〈야의 우적〉, 〈낭인의 봄〉 등을 문예동인지 『창조』3호(1920.2)에 잇달아 발표하였다. 그리고 스승의 그늘에서 벗어나 근대 자유시의 운율과 형태를 한걸음 앞서 완성해 나가기 시작했다.

이런 문학 수업 과정은 소월의 내면 풍경을 이해하는 데 중요한 시사점을 준다. 소월은 서구 문예(특히 상징주의 시)를 통해 근대적 자아의 내면 탐색이 근대 서정시의 중요한 요건임을 알게 되었다. 또한 선험적으로 주어진, 혹은 전통적으로 이어져 오는 시 형태나 운율이 아니라 개성적 '호흡'에 따라 시인의 영혼을 표현할 수 있는 자유로운 시 형태와 운율의 창안에 대한 자각을 얻게 되었다. 그런데 소월의 명민함-그것은 김억에게 빚진 것이기도 하지만-은 근대 자유시, 근대 서정시의 내용적, 형식적 요건을 충족한 시를 창작하려면 전통(민족적인 것, 재래적인 것)과 현대(서구적인 것, 새로운 것)의 교섭이 필요함을 눈치챈 점에 있다. 소월은 번역시이건 새로운 창작시이건 우리말의 섬세한 특질을 고려해서 시어를 만들어냈으며, 서구 근대시와 동양 한시, 전통시가, 구전민요 등까지 폭넓게 조사·연구하여 새로운 시 형태와 운율을 창안하는 데 참조했던 것이다.

서울, 동경, 그리고 정주로의 귀환

소월이 서울(경성)을 처음 접한 시점이 언제인가는 기록이 분명하지 않다. 다만 〈서울의 거리〉란 작품이 1920년 12월 《학생계》란 잡지에 발표된 것[21]으로 보아, 소월이 배재학교에 진학한 1922년 이전에 이미 서울을 다녀온 것으로 보인다. 그의 서울행은 사업차 서울을 자주 오갔던 조부나 서울 유학 중이었던 삼촌 때문이 아닐까 짐작된다.

평북 정주군 곽산면의 한 산골 출신인 이 시골뜨기의 눈에 비친 서울의 도시 풍경은 과연 어떠했을까? 한국 근대시사에서 결코 놓칠 수 없는 이 휘황한 장면을 자세히 살펴보기로 하자.

서울의 거리!
산그늘에 주저 앉었는 서울의 거리!
이러저리 찌어진 서울의 거리!
어둑 축축한 유월 밤 서울의 거리!
창백색(蒼白色)의 서울의 거리!
거리거리 전등은 소리 없이 울어라!
어둑 축축한 유월 밤의
창백색의 서울의 거리여!
지리(支離)한 임우(霖雨)에 썩어진 물건은
구역나는 취기(臭氣)를 흘러 저으며
집집의 창틈으로 끌어들어라.
음습하고 무거운 회색공간에
상점과 회사의 건물들은

히스테리의 여자의 걸음과도 같이

어슬어슬 흔들며 멕기여 가면서

검누른 거리 우에서 방황하여라!

이러할 때러라. 백악(白堊)의 인형인 듯한

귀부인, 신사, 또는 남녀의 학생과

학교의 교사, 기생, 또는 상녀(商女)는

하나 둘씩 아득이면 떠돌아라.

아아 풀 낡은 갈바람에 꿈을 깨인 장지 배암의

우울은 흘러라 그림자가 떠돌아라……

사흘이나 굶은 거지는 밉쌀스럽게도

스러질 듯한 애닲은 목소리의

"나리마님! 적선합시오, 적선합시오!"……

거리 거리는 고요하여라!

집집의 창들은 눈을 감아라!

이때러라, 사람 사람, 또는 왼 물건은

깁픈 잠 속으로 들러하여라

그대도 쓸쓸한 유령과 같은 음울은

오히려 그 구역나는 취기(臭氣)를 불고 있어라.

아아 히스테리의 여자의 괴로운 가슴엣 꿈!

떨렁떨렁 요란한 종을 울리며,

막 전차는 왔어라, 아아 지내 깄어라.

아아 보아라, 들어라, 사람도 없어라,

고요하여라, 소리조차 없어라!

아아 전차은 파르르 떨면서 울어라!

어둑 축축한 유월 밤의 서울 거리여,

그리하고 히스테리의 여자도 지금은 없어라.

-〈서울의 거리〉 전문

이 시의 낯섦은 무엇 때문에 생겨나는 것일까? 이 시에서
과연 우리는 익히 알고 있는 김소월의 토속적 언어와 민요조
율격, 자연에서 길어온 시적 소재, 전통적 정한의 정서를 확
인할 수 있을까? 우리는 이 지점에서 스무 살 무렵 김소월을
사로잡았던 내면의 고뇌와 방황을 엿보지 않으면 안 된다.[22]

소월이 문단에 데뷔하기 직전인 1910년대 후반의 조선
은 식민지 사회의 구조적 모순이 점차 고조되고 있었다. 일
본 제국주의의 식민 통치는 점차 공고해져 경제적 침탈과 사
상·문화적 통제가 점차 노골화되기 시작했다. 한편 이에 대
한 저항으로 우리 민족의 독립에 대한 염원은 점차 고조되기
시작했다. 2·8 독립선언과 3·1 만세운동은 이 시기 우리 민
족이 일본의 식민 지배에 얼마나 격렬하게 항거였는가를 잘
보여주는 사건이다.

한편, 이 당시 일제는 식민 통치 체제의 강화를 위해 근대

적 문물과 제도를 대량 이식하기 시작하였다. 구한말부터 시작된 철도 부설을 보다 광대한 지역으로 확장했으며, 민족 교육을 부정하고 식민 교육을 보급하기 위해 각급 공립학교를 설립하였다.[23] 또한, 식민지 경제 수탈을 위해 새로운 시장을 개설하고 공장을 건설하였다. 그 결과 서울·평양·대구·부산·인천·원산·군산·목포 등 주요 거점 도시들이 제법 꼴을 갖춘 근대 도시로 재편되었다. 특히 김소월이 처음 찾아온 1920년 전후의 서울은 다시 도시들보다 빨리 근대 도시의 풍경을 갖추어가고 있었다.

실제로 식민지 근대화로 인해 서울의 도시 풍경은 놀라운 속도로 변모했다. 그 중심에는 남대문, 서울역, 황금정(을지로), 남촌 진고개의 도로 확장을 비롯하여 31개 노선의 도로를 정비하고 확장하는 가로재정비사업이 놓여 있다. 이 사업은 총독부의 도시설계에 따른 것인데, 가로 정비는 도시공간의 새로운 구획과 분할로 이어졌다. 도시간선망을 경계로 일본인 거주지역(남촌)과 조선인 거주지역(북촌)이 분할되었으며, 남촌에 형성된 새로운 시가는 상업가·금융가가 들어서 근대 건축물(관공서, 교회, 상점과 백화점 등)들이 즐비하게 늘어섰다. 이런 건축물들과 함께 근대 도시의 볼거리를 구성하는 요소로서 새로운 교통수단(전차, 자동차)이 거리를 달렸고, 일본인 거류 및 상업 지역부터 시작해 다른 도시 공간으로 전기

보급이 점차 확대되면서 도시의 야경이 출현하였다.[24)]

새로운 도시 풍경이 주는 시각적 자극들은 사람들에게 충격과 매혹을 동시에 안겨주었다. 자연이 허락하는 빛, 건축 재료, 교통수단 일색이던 공간에 새롭게 근대도시 풍경이 들어서면서, 이제 서울은 한껏 활기를 띠기 시작했다. 하지만 신기에 가득 찬 근대 도시 풍경은 낯설고 괴기스러우며 공포를 느끼기에 충분했을 것이다. 가령 도시 야경(夜景)의 경우를 보자. 호롱불밖에 모르던, 그래서 밤이 되면 일찍 잠자리에 들 수밖에 없었던 사람들이 백화점과 상점에서 새어나오는, 그리고 가로를 수놓는 휘황한 전등 불빛('도깨비불')에 어찌 매혹당하지 않을 수 있겠는가? 수많은 서울 사람들이 저녁 식사를 일찍 마치고 구경꾼으로 쏟아져 나와 밤거리를 걸어 다니고 그들 스스로 도시 풍경의 일부가 되는 모습을 생각해 보라. 하지만 근대 도시 풍경이 매혹적인 것만은 아니었다. 일찍이 경험해보지 못했던 도시 풍경은 아찔한 현기증을 불러일으키기에 충분했다. 낯설고 신기한 것을 바라보는 일은 육체(특히 눈)의 피로를 가져왔을 뿐만 아니라 공포와 우울을 동시에 불러일으켰던 것이다.

소월의 시 〈서울의 거리〉는 근대 도시 경성의 풍경을 그려낸 작품이다. 화자는 침울한 눈으로 서울의 거리를 바라본다. 그에 눈에 비친 회색빛 건물, 상점에서 흘러나오는 불빛,

전차가 지나가는 소리, 밤거리의 구경꾼들(貴夫人, 紳士, 男女 學生, 敎師, 妓生, 거지 등)의 형상은 하나같이 낯설고 기이한 모습이다. 정주 출신의 시골뜨기가 스무 살 무렵까지 한 번도 경험하지 못했던 이 낯설고 이상한 도시 풍경은 시각적 혼란과 충격을 불러일으켰다. 시골뜨기의 시골뜨기다움, 그러니까 국외자로서 도시 풍경을 바라보는 이의 촌스러움이란 무엇인가? 그것은 도시 풍경을 매혹의 시선 대신에 불안과 공포의 시선으로 바라본 점에 있을 것이다. 자명하고 익숙한 것들로부터 떨어져 나와 도시의 밤거리에 홀로 내던져졌다는 사실을 자각하는 데서 오는 충격이 일종의 '분리-공포'를 불러일으킨 것이다.

근대를 한발 앞서 습득한―혹은 습득 중이던―지식인이 서울의 거리를 거닐면서 느끼는 분리-공포는 경계인인 소월의 내면에 자리 잡은 정신적 고뇌의 실체이다. 이 작품에서 화자의 병적인 '방황'('헤매임')[25]은 경계인의 정신적 고뇌를 잘 보여준다. 소월은 초기시 〈야의 우적〉에서 이미 이런 병적인 '헤매임', 목적지나 지향이 없는 방황을 그려낸 바 있다. 이 방황은 전통과 근대가 교차하는 시대에, 전통과 근대 어느 쪽으로도 미처 자신의 지향성을 정하지 못했던 소월 자신의 불안정한 정신 상황이 겹쳐져 있다.

어데로 돌아가랴,
나의 신세는,
내 신세 가엾이도
물과 같아라.

험궂은 산막지면
돌아서 가고,
보실은 바위이면
넘쳐 흐르랴.

그러나 그리해도
헤날 길 없어,
가엾은 설움만은
가슴 눌러라.

그 아마 그도 같이
야(夜)의 우적(雨滴),
그같이 지향 없이
헤매임이라.　　　　　　　-〈야(夜)의 우적(雨滴)〉 전문

과거로부터 물려받은 질서와 가치는 이미 그 힘을 상실하

였고, 자신이 두고 온 세계로는 되돌아갈 수 없었던 시대. 근대는 과거적인 것, 전통적인 것에 대한 맹목적인 부정과 '새로운 것'에의 강박적인 집착을 그 특징으로 한다. 하지만 식민지 지식인은 '근대'만을 맹목적으로 추종할 수는 없었다. 근대만 따를 경우, 조선(인)을 부정한 제국주의 질서를 인정하는 것이 논리적으로 자연스러운 귀결이기 때문이다. 식민지 근대의 이런 역설을 인정할 때, 지식인은 자신에게 선택의 여지가 거의 주어지지 않음을 직감한다. 소월 역시 이런 진퇴양난의 상황에 빠져든 것이다. 앞의 〈야의 우적〉에서, 어느 곳으로도 돌아갈 곳이 없고 헤날 길도 없다고 느끼는 화자의 모습은 식민지 근대라는 모순의 시공간을 살아가는 지식인의 비극적 운명을 잘 보여준다. 그는 밤에 내리는 빗방울처럼 "지향 없이" 헤매고 있을 뿐이다.

소월은 경계인의 위치에서 서울을 경험했다. 하지만 그는 과거와 전통으로 회귀할 수 없는 자신의 운명을 깨달았을 것이다. 비록 매혹적인 것으로 비치지 않을지라도, '근대'란 일단 그것이 출현한 후부터는 거스를 수 없는 흐름을 형성하게 마련이다. 오산학교의 학업을 중단한 후 3년가량 고향에 머물러 있는 동안, 소월은 실제로 고향 밖의 세계로 나아가기를 끊임없이 열망했다. 소월이 끈질기게 조부를 설득한 끝에 자신의 삼촌이 졸업한 배재고등보통학교 4학년으로 편입하여 학업을 이어간 것도 이 열망이 있었기 때문이다.

배재학교에서의 소월의 학업 성취는 객관적인 자료를 통해 확인할 수 있다. 그는 전교 44명 중 4등이라는 우수한 성적으로 졸업했으며, 거의 모든 교과목에서 뛰어난 성취를 보여주었다. 앞서 언급했듯이 소월은 배재학교를 졸업한 1923년 4월 동경대학 상대 진학을 목적으로 일본으로 건너갔다. 일설에는 상대 입학을 준비만 하고 있었을 뿐 실제 입학한 것은 아니라고 하지만, 동경대학 상대(예과)를 입학했다는 것은 거의 정설로 받아들여진다. 물론 소월이 동경에 머문 것은 고작 4~5개월가량 짧은 기간에 불과했다. 이 점을 고려하면 일본의 대학 교육이 소월의 삶에 큰 영향을 끼친 것으로 보기는 어렵다.

소월이 유학 생활을 청산하고 귀국한 것은 순전히 관동대지진(1923년 9월 1일) 때문이었다. 대지진의 엄청난 재해 앞에 인간이 느끼는 무력감과 공포는 상상을 초월한다. 지진으로 인해 흉흉해진 민심을 수습하는 과정에서 당시 일본인들은 조선인(재일동포)들에 대한 유언비어를 퍼트리고 무참한 살육을 저질렀다. 소월이 관동대지진의 와중에서 어떤 생각을 품었는지는 확인하기는 어렵다. 다만, 식민 제국의 수도 동경에서 조선인 유학생 신분으로 살아간다는 것이 그리 녹록한 일은 아니었을 것으로 짐작된다. 그는 그곳에서 어쩔 수 없는 이방인이자 국외인이었으며, 멸시와 천대의 대상인 식민지적 타자였기 때문이다. 그로 인해 소월은 나라를 잃을 백성의 비애와 슬픔을 뼈저리게 느끼는 한편, 고향에 대한 그리움도 컸을 것으로 보인다. 동경 유학 시절 소월의 심정을 엿볼 수 있는 작품을 살펴보자.

물로 사흘 배 사흘
먼 삼천리
더더구나 걸어 넘는 먼 삼천리
삭주구성은 산을 넘은 육천리요

물 맞아 함빡히 젖은 제비도
가다가 비에 걸려 오노랍니다
저녁에는 높은 산
밤에 높은 산

삭주구성은 산 너머
먼 육천리
가끔가끔 꿈에는 사오천리
가다 오다 돌아오는 길이겠지요

서로 떠난 몸이길래 몸이 그리워

님을 둔 곳이길래 곳이 그리워

못 보았소 새들도 집이 그리워

남북으로 오며 가며 아니합디까

들 끝에 날아가는 나는 구름은

밤쯤은 어디 바로 가 있을 텐고

삭주구성은 산너머

먼 육천리   -〈삭주구성〉 전문

   이 시의 화자는 배를 타고 사흘 동안 바다를 건넌 후 또 다
시 삼천리 길을 걸어서 넘어야 한다는 말로, 자신이 머물고
있는 동경과 아내가 살고 있는[26] '삭주구성' 사이의 건널 수
없는 거리와 이로 인한 단절감을 표현하고 있다. 하늘을 나
는 제비도 미처 가 닿을 수 없는 곳, 꿈속에서도 가다가 돌아
올 수밖에 없는 곳. 그런 아득히 먼 곳에 아내('님')가 있다. 이
런 아내('님')와 '집'에 대한 화자의 그리움은 소월이 동경에
서 식민지 타자로서 경험했던 설움의 깊이를 잘 보여주는 것
이다.

   동경 시절 소월의 실제 생활이 어떠했는지는 잘 알려진 바
가 없다. 이 시절 소월이 술집을 들락거리며 방탕한 생활을

했다는 말도 있지만 구체적인 자료로 뒷받침된 것은 아니다. 낯선 타국 생활이 주는 외로움과 단절감, 특히 천성적으로 남과 잘 어울리지 못하는 성품을 고려하면, 소월이 술과 여자를 통해 마음을 달랬을 가능성도 없지 않다. 하지만 기껏 4~5개월의 짧은 체류 기간 동안, 소월이 그토록 심하게 방탕한 생활로 빠져들었다는 것은 믿기 어렵다. 새로운 학문과 지식을 익히겠다는 포부로 애써 가족을 설득하고 유학길에 오른 처지에서, 소월이 대학 입학을 앞두고 방탕한 생활을 했을 가능성은 그리 높아 보이지 않는다.

여하튼 소월의 일본 유학 중에 관동대지진이 발생한다. 관동대지진의 참혹한 실상, 특히 수많은 조선인이 일본인들에게 무고하게 살육을 당했다는 소식은 소월의 고향 정주에도 알려지게 되었다. 이 소식을 접한 소월의 가족과 고향 사람들의 걱정은 하늘을 찌를 듯했다. 공주 김씨 가문의 장손, 그것도 가족의 기대를 한껏 모으고 있던 수재(秀才)의 안위가 모두 염려스러웠던 것이다. 계희영의 회고에 따르면, 소월의 이름(김정식)과 같은 사람이 사상자 명단에 오른 신문보도를 접한 후 조부와 모친은 반(半)실성의 상태가 되었다고 한다. 결국 소월은 자신의 안위를 염려한 가족의 전보를 받고 고향에 돌아온 다음에 다시는 유학길에 오르지 못할 상황이 되고 말았다. 자신들의 곁에서 집안을 지키기를 바랐던 가족들의 만류가 결정적이었다. 소월은 가족을 안심시키려고 일시 귀국을 결정하였지만 끝내 고향에 주저앉고 말았다. 이후 소월은 좌절된 꿈으로 인해 눈물을 흘리는 가운데 생활인의 위치에서 삶을 모색해야 했다.

전통으로의 전회- 시인의 넋을 끌어내는 옛사람의 목소리

김소월의 시, 특히 그의 첫 시집 『진달래꽃』(매문사, 1925)은 한국 근대시 100년 역사에서 가장 주목받은 수작으로 꼽힌다. 필자 역시 한 평론[27]에서 이런 평가에 동의하고, 이 시집이 지닌 의미를 '리리시즘'과 관련하여 논의한 바 있다.

리리시즘(lyricism), 즉 서정주의(抒情主義)란 본래 계몽의 이념이 팽창하던 19세기 초 유럽 낭만주의자들이 중시했던 시적 비전이라 할 수 있다. 이 비전의 밑바탕에는 이상 세계로의 초월에 대한 동경, 개성적인 언어와 상상력에 대한 중시 등이 자리 잡고 있다. 주지하듯이 초기 낭만주의자들은 전근대적인 것과의 결별을 선언한 근대 시민혁명의 정신을 지지하기도 했지만, 혁명의 결과는 그들의 꿈을 배반하였고 현실은 속악한 가치에 지배되고 말았다. 이로 인해 낭만주의자들 사이에는 경험적 현실 세계에 대한 환멸감과 냉담한 비판의식이 싹트기 시작했다. 여기서 서정의 정신으로서 속악한 현실을 넘어서려는 리리시즘의 요구가 다시 한 번 강조된 것으로 볼 수 있다.

소월 시 중에는 리리시즘에 비교적 충실한 시가 많다. 가령, 그의 시에 자주 등장하는 '꿈'(혹은 동경) 모티브는 바로 "소여의 세계에 대한 부정으로서 주관적인 초월의 정신"[28] 을 보여주는 것이다. '꿈'을 허락하지 않는 식민지 시대였음에도 불구하고, 소월은 서정적인 감성과 상상력을 통해 '꿈'을 노래함으로써 시대 현실을 돌파하려고 했다. 근대 사회에선 더 이상 존재할 수 없는 것을 이 세계로 다시 불러들이고, 오감(五感)으로 감각할 수 없는 것들을 다시 살아 숨 쉬게 하는 것. 이것이 바로 자신의 눈앞에 있는 세계가 허깨비(허구)에 지나지 않는 것임을 선언할 수 있는 유일한 방법이었다. 근대적 의미의 서정 시인이 떠맡아야 할 리리시즘의 운명이 소월에게 부여되어 있었던 것이다. 바로 '전통'의 이름으로 말이다.

앞에서 살펴본 바와 같이, 소월은 전통과 근대가 교차하고, 과거와 현재가 충돌하는 혼종의 시공간을 살아간 경계인이었다. 이런 경계인에게 정체성의 균열은 숙명과 같은 것이다. '국가' 상실이라는 시대적 비극을 온몸으로 안고 살아야 했던 식민지 지식인으로서, 소월은 근대를 향해 일방적으로 내달음칠 수도 없었고 그것을 맹목적으로 거부한 채 과거

(전통)로 물러나 앉을 수도 없었다. 하지만 엄밀히 말하면, 소월은 전통보다는 근대, 농촌보다는 도시가 새로운 시대의 지향점임을 누구보다 일찍 깨달은 근대적 지식인이었다. 당시로써는 가장 첨단의 문물이었던 근대 서정시, 근대 자유시의 이념을 몸소 실천한 근대 시인이었던 것이다. 소월이 지녔던 민족의식, 그리고 서정시인이란 정체성은 결국 소월 자신이 또 다른 의미에서 근대적 계몽주의의 수혜자였음을 보여준다.

여기서 식민지 근대에 내재한 균열과 자기모순의 문제가 제기된다. 조선은 전통의 자기쇄신을 통한 근대화가 봉쇄된 상태에서 외부(이민족)의 힘으로 근대가 폭력적으로 이식될 운명이었다. 식민지 근대의 조건 아래에서는, 근대의 논리를 추구할수록 식민 지배 논리에 동조하는 역설을 피할 수 없다. 식민지 근대화를 통해서는 보편적인 근대의 이념을 성취할 수 없는 법이다. 근대의 이념적 기초인 '민족'(혹은 전통)의 정체성마저 이미 외세에 의해 부정된 마당에서는 더욱 그러하다. 소월 시의 진정한 의미는 그가 식민지 근대의 이런 내적 모순과 한계를 직관적으로 파악하고 이를 서정의 정신으로 초극하려했다는 점에서 찾을 수 있을 것이다. 〈시혼〉이란 글을 통해 이 당시 소월의 정신적 단면을 살펴보자.

무엇보다도 밤에 깨어서 한울을 우러러 보십시오. 우리는 낮에 보지 못하던 아름다움을, 그곳에서, 볼 수도 있고 느낄 수도 있습니다. 파릇한 별들은 오히려 깨여 있어서 애처롭게 기 있게도 몸을 떨며 영원을 소삭입니다. 엇든 때는, 새벽에 저가는 오요한 달빛이, 애틋한 한 조각, 숭엄(崇嚴)한 채운(彩雲)의 다정한 차맛귀를 빌어, 그의 가련한 두 줄기 눈물을 문지르기도 합니다. 여보십시오. 여러분. 이런 것들은 적은 일이나마, 우리가 대낮에는 보지도 못하고 느끼지도 못하던 것들입니다.

다시 한 번, 도회(都會)의 밝음과 지껄임이 그의 문명(文明)으로써 광휘(光輝)와 세력(勢力)을 다투며 자랑할 때에도, 저, 깊고 어두운 산과 숲의 그늘진 곳에서는 외로운 버러지 한 마리가, 그 무슨 설음에 겨웠는지, 수임 없이 울지고 잇습니다.[29]

〈시혼〉에서 소월은 자신이 '대낮'의 시인이 아니라 '밤'의 시인이라고 말한다. 그가 도달하고 싶어 했던 진리(미, 이념)를 가로막는 것은 '어둠'이 아니라 오히려 '빛'이었다. "도회의 밝음과 짓거림" 혹은 문명의 "광휘와 세력"이 바로 근대의 표상이지만, 이는 참다운 진리(아름다움)를 은폐한다. 그런 까닭에 시인은 "밤에 깨어서 한울을" 보자고 말하고 있는 것이다. 밤은 '눈'을 통해 사물을 지각하는 것이 불가능한 시간이지만, 그 대신 또 다른 감각들이 활성화되어 참다운 아름다움을 지각하는 일들이 가능해진다. 대낮에 보지 못하고 느끼지 못했던 것들을 지각하게 하는 '밤'의 운명을 받아들이는 것. 그것은 식민지 근대의 심연과 허무를 직시한 시인에게 부과된 비극적 운명을 보여주는 것이라 하겠다.

이제 소월은 "저 깊고 어두운 산과 숲의 그늘진 곳"에서 쉼 없이 서러운 눈물을 흘리며 소리 내서 우는 한 마리 '버러지'가 되어 식민지 근대라는 혼종의 시공간을 가로질러 갈 수밖에 없다. 그것은 도시 문명에 의해 억눌렸던 것들과 어둠 속에 묻혀서 신음하던 타자들(가령 전통, 전근대적인 것, 민중의 목소리 같은)에게 귀를 기울이고, 자신의 이름을 얻지 못했던 식민지 타자들의 복귀를 마련하는 길로 나아가는 것이다. 필자는 이를 일컬어 '전통주의로의 전회'라 표현한 바 있다.[30] 소월은 한국의 근대시사에 등장했던 수많은 시인들 중, 최초의 '전통'주의자인 동시에 진정한 의미의 '근대'주의자였다. 소월은 이 역설적인 운명을 체현하기 위해 다음 같은 절창(絶唱)을 쏟아냈다.

① 옛 조상들의 기록을 묻어둔 그곳!
나는 두루 찾노라, 그곳에서!
형적 없는 노래 흘러 퍼져,
그림자 가득한 언덕으로 여기저기,

그 누구가 나를 혜내는 부르는 소리.

부르는 소리, 부르는 소리,

내 넋을 잡아 끌어 혜내는 부르는 소리.　　　　- 〈무덤〉 부분

② 옛날, 우리나라

먼 뒤쪽의

진두강 가람가에 살던 누나는

의붓어미 시샘에 죽었습니다

누나라고 불러보랴

오오 불설워

시새움에 몸이 죽은 우리 누나는

죽어서 접동새가 되었습니다

아홉이나 남아 되던 오랩동생을

죽어서도 못 잊어 차마 못 잊어

야삼경 남 다 자는 밤이 깊으면

이산 저산 옮아가며 슬피 웁니다.　　　　- 〈접동새〉 부분

③ 산에는 꽃 피네

꽃이 피네

갈 봄 여름 없이

꽃이 피네

산에

산에

피는 꽃은

저만치 혼자서 피어 있네   - 〈산유화〉 1~2연

④ 먼 훗날 당신이 찾으시면

그때에 내 말이 '잊었노라'

당신이 속으로 나무라면

'무척 그리다가 잊었노라'

그래도 당신이 나무라면

'믿기지 않아서 잊었노라'

오늘도 어제도 아니 잊고

먼 훗날 그때에 '잊었노라'   - 〈먼 후일〉 전문

이 네 편의 서정시는 소월의 절창 중의 절창으로 꼽힌다.

우리는 이 작품에 등장하는 화자들의 형상에서 식민지 지식인의 비극적 운명과 그를 이끌어낸 전통의 목소리를 엿볼 수 있다.

우선 ①에서 화자는 '무덤'을 "옛 조상들의 기록을 묻어둔 그곳"이라 비유하고 있다. 화자의 넋을 무덤가로 이끈 존재는 바로 '옛 조상'이다. 현실에 존재하지 않는 죽은 자의 '형적 없는 노래'와 '그림자'가 '산 자'(즉 화자)의 넋을 이끌어냈다는 이 대목을 어떻게 설명해야 할까? 이를 설명하기 위해 소월 연구자들은 대체로 전통 종교, 특히 샤머니즘적 '혼교(魂交)'를 앞세우곤 한다.[31] 이 작품에서 산 자와 죽은 자의 영적 교섭이 이루어진다는 측면에서 보면, 샤머니즘적 혼교로 이 작품을 설명하는 것에는 큰 무리가 없다. 사실 산 자의 입을 빌어 죽은 자가 노래를 하는 경지라면, 그래서 이 시의 화자를 일종의 '영매(靈媒)'로 볼 수 있다면, 이처럼 섬뜩한 노래가 또 없을 것이다. 문제는 소월이 과연 샤머니즘적 종교관을 실제로 믿거나 실천하려 했는가 하는 점이다. 만일 그것이 사실이라면 그는 근대 지식인의 기준에 미달하는 시인이 되고 만다. 우리가 소월을 전통시인으로 규정하는 것은 근대성과 무관한, 혹은 근대성을 결여한 지점에 소월을 위치시키기 위한 것이 결코 아니다. 소월을 이끌어낸 조상의 목소리와 그림자는 어떤 종교적 세계관의 반영이 아니라 '전통'으로의 소환에 대한 문학적 '상징'으로 보는 것이 더 적절하다. 그럴 때 비로소 전통주의로의 전회가 지닌 근대적 의미가 드러날 수 있기 때문이다.

②는 전통 설화의 '접동새' 모티브를 활용해서 민족적 정한으로서 설움의 정서를 그려낸 작품이다. '접동새' 울음에 섞여 있는 그 피맺힘 말이다. 의붓어미의 시샘 때문에 원통하게 죽은 누이의 비극적 운명을 외세의 침탈로 고통을 받는 민족(민중)의 비극적 운명과 오버랩하는 것이 이 작품에 대한 가장 보편적인 감상법이다. 이런 기계적인 연결이 결코 바람직하지는 않지만, 억울한 죽음을 당한 타자의 한 맺힌 목소리를 끌어들여 식민지 시대 우리 민족의 정한을 표출하는 것이 소월의 창작 의도였음은 부정할 수 없다. 그리고 그것이 시적 언어와 형식을 통해, 식민지 사회에서 우리 민족이 경험했던 보편적 상실의식을 실체화하는 데 효과적이었음도 분명하다.

③은 소월 시 중에서 가장 문제적인 작품의 하나로 꼽힌다. "갈 봄 여름 없이" 피었다 지는 '꽃'은 순환하는 자연 질서의 일부이다. '꽃'이 보여주는 생과 사, 존재와 비존재의 사건은 인간의 의지나 소망과는 무관하게 저 스스로 벌어지는 사건이다. 어떤 인간적인 감정도, 의미도 개입하지 않는 자연 속의 사건인 것이다. 화자가 그 꽃을 바라보는 '우연한' 사

건이 발생하는 그 순간에, 꽃이 피거나 지는 그 자연 속의 사건은 비로소 인간에게 어떤 실존적 의미를 던져주는 사건으로 전환된다. 즉, 화자가 '꽃'을 바라보는 사건은 그 '꽃'이 단독자인 화자의 근원적 고독('혼자서')을 환기하게 되는 것이다. 이 순간에 '꽃'은 화자가 되고 화자는 '꽃'이 된다. 하지만 화자는 결코 '꽃'과 하나가 될 수 없다. 화자가 바라보는 꽃과 실존적 의미를 탐색하는 화자 사이엔 건널 수 없는 심연('저만치')이 자리 잡고 있기 때문이다. 김동리는 이를 '청산과의 거리'[32]라는 명제로 정식화하고 있거니와, 그는 이 명제를 통해 자연과 인간 사이에 놓인 단절을 숙명처럼 안고 살아가야 하는 근대(인)의 숙명을 발견했던 것이다. 이런 점에서 소월은 단순한 전통주의자가 아니라 모더니스트인 것이다.

④는 한국 시사에서 가장 뛰어난 수준의 역설을 보여주는 작품으로 꼽힌다. '당신' 즉 '님'은 소월이 가장 만나고 싶지만 결코 만날 수 없는 대상이다. 이런 점에서 '님'은 소월의 꿈과 이상이 투영된 절대적 존재라고 할 수 있다. 소월 시에서 '님'은 부재하지만 현존하고, 현존하지만 부재한다. 때로는 돌아오겠다는 약속을 남긴 채, 혹은 그런 약속도 없이 '님'은 화자의 곁을 떠났다. 하지만 화자는 그런 부재의 '님'이 현존하고 있다는 나쁜 믿음을 버릴 수는 없었다. '님'의 현존을 부정하면 화자 자신의 실존마저 부정되기 때문이다. 부재하

는 '님'의 현존성에 대한 믿음, 혹은 '님'이 언제가 되돌아올 것이란 염원(주관적 기대)이 아니라면 '나'는 한 순간도 현재의 시간을 버텨낼 수 없다. 그러니까 부재의 시간은 '기다리는' 시간이고, 그 기다림은 스스로를 견디는 행위이다.

그런데 소월 시의 화자는 '님'이 돌아올 그 '먼 훗날'엔 오히려 임에게 '잊었노라'고 말해주겠다고 한다.[33] 그렇다면 부재하는 시간 속에서의 '기다림'과 재회하는 시간 속에서의 '잊음'이라는 이 모순된 태도가 말하는 진실은 무엇인가? 그것은 '믿음'을 주지 못하는 '임'에 대한 원망, 그럼에도 '임'을 잊을 수 없다는 오기(傲氣), 사랑하는 임에 대한 망각(혹은 단념)을 결코 오지 않을 미래의 시간으로 옮겨 놓음으로써 임을 사랑하는 현재의 시간을 절대화하려는 의지가 아니고는 결코 설명되지 않는다. 이런 심오한 사랑의 담론이 내포한 부정의 정신을 제대로 읽어내지 않으면, 소월 시는 단순한 전통적 정한의 목소리에 묻혀버리고 만다. 다른 말로 하면 '전통'적 정한을 통해 식민지 근대의 현실을 넘어서려 했던 역설의 정신이 소월 시 논의에서 제대로 평가되지 못하고 마는 것이다. 우리는 전통으로 전회한 소월의 목소리가 실제로는 식민지 근대를 부정하는, 역설의 정신에서 비롯한 것임을 다시 환기할 필요가 있다. 전통으로의 전회를 감행한 소월은 이런 점에서 '진정한 모더니스트'였다고 할 수 있다.

4 '시인'의 길 :잇따른 실패와 좌절, 그리고 재기의 몸부림

生也一片浮雲起, 死也一片浮雲滅,

浮雲自體本無質, 生死去如亦始是

- 김억에게 보낸 편지에 인용된 한시

소월의 문단 활동과 퍼스낼리티

동경 생활을 청산하고 조선으로 돌아온 소월이 곧바로 고향에 정착했던 것은 아니다. 그는 고향으로 귀환하기 전에 수개월 동안 서울 생활을 했다고 전해진다. 아마도 그는 서울에서 문단 활동을 모색하는 한편 생활의 방편으로 직업을 찾으려 했을 가능성이 있다. 1920년에 문단에 데뷔한 소월은 이후에도 김억의 주선으로 습작기의 작품들을 발표하고 있었고, 1923년 무렵에는 상당한 명성도 얻은 것으로 보인다.

하지만 서울 체류 기간 동안 소월은 문단 활동을 통해 의미 있는 성과를 이루어내지 못했다. 소월의 독특한 퍼스낼리티가 중요한 원인으로 작용했을 것이다. 그는 천성적으로 '개인'의 내면에 침잠하는 성향의 사람이었다. 그는 기질이 섬약하고 섬세했으며, 남과 어울리는 사교적인 성격도 갖지 못했다. 이로 인해 소월은 신문학의 주류로 부상하던 동시대 문인들과 활발하게 교분을 나누지는 못했던 것으로 보인다. 그가 어울린 문인으로는 소설가 나도향 정도가 꼽힌다. 하지만 나도향 스스로가 적극적인 문단 활동과는 거리가 멀었던 사람이고 보면, 소월의 사교의 폭이 그를 통해 확대되기는 불가능했을 것이다.

　스승 김억은 이런 소월을 문단과 연결시키려 부단히 애썼다. 하지만 김억에게만 의지하여 문단 활동, 사회생활을 영위할 수 없는 처지이다보니 소월은 서울에서 고립무원의 상황에 놓여있었다고 해도 과언이 아니다. 소월과 김억의 관계역시 늘 원만한 것만도 아니었다. 이 당시 소월은 이미 시단에서 주목받은 시인이었다. 하지만 김억은 소월의 작품을 매체에 소개·발표할 때 임의로 가필·수정하였다고 전해진다. 이 당시 발표된 소월의 작품에는 '민요시'를 조선시가 나아갈 방향으로 생각하고 있었던 김억의 문학관, 혹은 시적 취향이나 가치평가가 스며들 수밖에 없었을 것이다. 하지만 소월이 품었던 시적 지향성은 민요시라는 협소한 틀을 훨씬 초과하는 지점까지 나아가고 있었다. 이런 문학관의 차이는 소월과 김억 사이에 미묘한 불화를 가져왔을 것으로 보인다.

'조롱에 갇힌 새'의 탈향 의지

결국 소월은 서울 생활을 청산하고 조부와 모친, 그리고 어머니가 살고 있는 고향으로 돌아오게 된다. 고향에 돌아온 1924년부터 1년 동안의 기간은 소월에게 새로운 삶을 모색하는 시기였다. 소월은 한편에서 김동인·임장화 등과 함께 『영대』 동인 활동을 하면서 문단과의 인연을 이어가는 동시에, 다른 한편으로는 조부의 광산 일을 돕고 영변 지역으로 여행을 다녀오기도 했다. 경제적으로 여유가 있는 집안 형편이었지만, 소월은 아내와 자식을 거느리는 20대 중반의 가장의 처지에서 무위도식하며 시간을 보낼 수만은 없었을 것이다. 하지만 소월은 고향에서 마땅한 생업활동을 찾지는 못하였다. 소월의 조부는 그를 대를 이어갈 장손으로 여겨 고향에서 가업을 이어갈 것을 강하게 요구했지만, 이 일은 소월의 뜻과는 맞지 않았다. 넓은 세상을 이미 경험했던 소월이 정주의 미미한 산촌에서 할 수 있는 생업이란 자신의 성에 차지 않는 것뿐이었을 것이다. 가족의 만류로 자신이 꿈꾸던 삶의 이상을 포기하게 된 것 역시 소월의 상심을 깊게 했을 것이다. 숙모 계희영의 회고를 통해 이 당시 소월의 내면 풍경을 엿볼 수 있다.

소월의 어머니는 이러한 아들의 딱한 사정도 아랑곳없이 오로지 아들이 집을 떠나지 않게 된 것만으로 만족하였고 기뻐하였다. 타고난 천성이 내성적인 성격인데다가 주어진 여러 가지 환경과 여건 때문에 웃음을 잃고 살던 소월이에게 마지막이자 유일의 낙과 희망이었던 유학길마저 막혀 버리니 이때부터 소월은 비감의 사람으로 완전 전락되었고 조롱 속의 새, 아니면 날개 잘린 새매 같다는 신세타령으로 소일하게 되었으며 영원한 한은 이때부터 싹트기 시작했다.[34]

소월은 조부와 모친의 만류로 인해 자신의 꿈을 포기하고 고향에 주저앉았다. 이로 인해 소월의 가슴에는 '한'이 싹트기 시작했다. 소월은 근대적 지식인이었다. 하지만 이 부류의 지식인들과 달리 그는 전통적인 가족 윤리에 대해 저항하는 모습을 거의 보여주지는 않았다. 오히려 그는 어떤 선택이 필요할 때마다 가족의 사랑과 관심에 부응하려고 애쓴 편이었다. 결혼 문제만 하더라도 그렇다. 그는 가족들이 결혼할 것을 권하자, 자신이 나이가 어린 편이고 신부의 용모가

성에 차지도 않았지만 순순히 결혼에 응했다.[35] 자유연애가 점차 확산되고 있던 시대 상황을 고려하면, 소월이 가족이 맺어준 짝과 원만한 결혼 생활을 꾸려나간 것은 신기할 정도이다. 소월은 가족 내에서 절대적인 권위를 행사하던 조부나, 맹목적으로 자신을 사랑하고 또 의지하는 모친의 뜻을 거스른다는 것을 감히 상상할 수도 없었다.

하지만 유학 생활을 중단하고 귀향하여 1년가량 고향에 머무는 일은 그로서는 견디기 어려운 일이었다. 자신을 '조롱 속의 새', '날개 잘린 새매' 같다고 푸념하면서 신세타령으로 소일하였다. 이런 사실은 청년 소월의 가슴 속에 자리 잡은 절망의 깊이를 짐작하게 해준다. 조부의 절대적인 권위나 모친의 맹목적인 사랑이 자신을 억누르는 억압으로 다가오게 되었을 때, 소월은 이제 탈향(脫鄕)을 선택할 수밖에 다른 도리가 없었다.

소월의 탈향에는 숙모 계희영과의 이별 역시 중요한 원인이 되었던 것으로 보인다. 계희영의 회고에 따르면, 소월은 숙모(계희영)에게 '도회'로 나가 살 것을 권했다고 한다. 정주에서 고생을 하며 외롭게 살고 있는 숙모의 처지를 딱하게 여긴 소월의 고운 심성이 엿보이는 대목이다. 하지만 유일한 정신적 의지처였던 숙모에게 도회로 나가 살 것을 권한 진정한 이유는 소월 자신이 '정주'라는 좁은 울타리에서 벗어나고 싶은 욕망이 있었기 때문일 것이다. 숙모 계희영이 남편을 따라 평양으로 이사를 간 후 소월은 더더욱 고향에 마음을 붙이지 못했던 것으로 보인다. 결국 소월 역시 고향을 떠나 조부와 모친의 영향에서 벗어날 것을 결심하기에 이른다. 그리고 조부와 모친을 집요하게 설득한 끝에[36], 소월은 자기 몫의 재산은 물론 모친 몫의 옥토까지 물려받아 함께 처분한 후 처가가 있는 구성군 서북면 평지동으로 이주하였다. 앞서 인용했던 시〈삭주구성〉에서 알 수 있듯이, 이곳은 깊고 깊은 산골 마을이었다.

구성에서의 삶- 잇따른 실패

소월은 분가하여 처가가 있는 구성으로 이사를 온 후 사업에 의욕을 보이기 시작했다. 한 가족의 가장으로서, 아내와 자식의 생계를 떠맡아야 한다는 책임의식을 엿볼 수 있는 대목이다. 문단에 제법 이름을 떨친 시인이었지만, 그 당시나 지금이나 시를 써서 얻는 수입은 생계를 해결하는 데 전혀 도움이 되지는 않는다.

소월이 구성에서 처음 벌인 사업은 신문사 지국 운영이었다. 구성 평지동으로 이사를 한 지 2년 만에, 그러니까 1926년 7월 28일에 소월은 다시 구성군 남시로 나와 약 6개월 반

동안 동아일보 구성지국을 운영하였던 것이다. 이 당시 동아일보가 민족 언론으로서 지녔던 사회적 위치와 명성을 고려하면, 어린 나이에 이미 나라 없는 백성의 설움을 몸소 겪었고 학교 교육을 통해 근대적 민족의식을 지니게 되었던 소월이 신문사 지국 운영에 관심을 보이고 여기에 열정을 쏟아 부은 것은 생계 문제 해결 이상의 정신적인 의미도 있었을 것이다. 하지만 신문사 지국 운영이 그에게 경제적인 도움을 주지는 못했다. 오히려 소월은 수금이 원활하지 못해 자금난에 빠졌다. 게다가 그는 일본 유학생 출신이란 이유로 자주 주재소로 소환되었다. 그는 자신의 일거수일투족을 감시하는 일본 경찰 때문에 실의에 빠지는 때가 많았다. 신문지국을 폐업한 이후에도 일본 경찰의 감시는 계속되었으며, 심한 경우에는 소월이 쓴 육필 원고를 빼앗아 불태우는 일도 있었다고 한다.

동아일보 지국을 폐업한 후 소월은 이러저러한 사업들을 구상하고 일부 실행에 옮기기도 했다. 그 중에서 가장 주목되는 것은 조부에게 얻은 돈을 밑천 삼아 고리대금업을 시작한 사실이다. 소월이 이재(理財)에 밝은 집안에서 성장했고, 그 자신 또한 생활과 현실 문제에 둔감한 사람은 아니었다. 또한, 스스로 상과대학 진학을 결정할 만큼 현실적 성향도 지니고 있었다. 이런 점을 고려해도 순수한 서정의 세계를 일구던 시인이 고리대금업자가 되었다는 사실은 놀랍고도 슬픈 일이 아닐 수 없다. 가난한 이웃의 삶에 연민을 느끼고 일종의 연대의식까지 지녔던 시인 소월이 오히려 가난한 사람의 급한 사정을 이용하여 높은 이자를 편취하는 고리대금업자가 되었다는 사실은 전혀 뜻밖의 일이라 할 수 있다.

그렇다면 소월이 이런 극단적인 선택을 한 심리적 동기는 무엇일까? 그것은 신문지국 운영의 실패를 만회하려는 조급증이 있었기 때문이라고 짐작해볼 수 있다. 하지만 철저한 계산과 비정한 사업 운영이 아니면 고리대금업이 성공할 가능성은 없는 법이다. 실제로 소월의 고리대금업은 실패로 귀결되고 말았다. 빌려준 돈의 원금과 이자를 회수하는 것이 여의치 않아 계속해서 자금 압박을 받았기 때문이다. 오죽하면 다음과 같은 '돈타령'의 노래가 나왔겠는가?

요 닷돈을 누를 줄꼬? 요마음.
닷돈 가지고 甲紗댕기 못끊겠네
은가락지는 못사겠네. 아하!
마코를 열 개 사다가 불을 옇자 요 마음.

되려니 하니 생각.
滿洲 갈까? 鑛山엘 갈까?

되갔나 안되갔나 어제도 오늘도

이러 저러 하면 이리저리 되려니 하는 생각

있을 때에는 몰랐더니

없어지니까 네로구나.

있을 때에는 몰랐더니

없어지니까 네로구나.   - 〈돈타령〉 부분

    화자에겐 지금 '닷돈'의 돈이 쥐어져 있다. 갑사댕기도 끊을 수 없고 은가락지도 살 수 없는 적은 돈이다. 돈 부족으로 제 하고 싶은 일을 못 해본 경험이 전혀 없었던 소월은 잇따른 사업 실패로 궁벽한 처지에 놓이게 되었다. 결국 화자는 닷 돈으로 '마코'(일본 식민지 시대의 담배 상표의 하나임)란 담배를 사 피우는 것으로 시름을 달랜다. 돈이 없으면 생각이 많아지게 마련이다. 오죽하면 고향을 등지고 '만주'나 '광산'을 찾아갈 생각을 하겠는가? 돈벌이를 위해 살던 곳을 버리고 일자리를 찾아갈까 신세 한탄을 하는 대목에선 궁벽한 처지에 놓이게 된 소월의 내면적 갈등이 얼마나 컸는지 짐작할 수 있다.

    이렇게 실패가 연속되는 가운데 소월은 점차 술 마시고 취하는 일이 잦아졌다. 계희영의 회고에 따르면, 소월은 부잣

집 귀한 장손인 까닭에 경제적으로 풍족했지만 검약과 절제를 중시했던 사람이다. 소월이 방탕한 삶에 빠지게 된 것은 사업 실패로 인한 좌절감이 그만큼 컸기 때문이다. 물려받은 땅을 야금야금 팔아가면서 별다른 경제 활동이 없이 술로 세월을 보내는 시간이 상당 기간 이어졌다. 이 시절 소월은 문단 활동은 고사하고 시 쓰는 활동 자체마저 거의 중단한 실정이었다. 그 결과 소월은 점차 경제적으로 빈곤하고 정신적으로 피폐한 상황에 점점 깊숙하게 빠져들게 되었다. 게다가 소월은 이 당시 경제 외적인 요인으로 인해 자유를 박탈당한 상태였다. 일본 경찰이 들이닥쳐 육필 원고를 빼앗고 주기적으로 경찰서로 소환하여 그의 동태를 점검하는 통에 소월의 심리적 압박과 무력감은 날로 커져갔던 것이다. 이런 고립무원의 상황에서 소월의 마음속엔 일본에 대한 반감이 더욱 깊이 자리 잡게 되었다.

하지만 소월에겐 현실에서 헤어날 묘안이 떠오르지 않았다. 북한에서 기록한 자료를 보면[37], 이 시절 소월은 "부지런한 농민이었으며 땅을 귀중히 여긴 사람"이었고 '수리조합' 일을 매개로 농민들을 위해 헌신하는 삶을 살았던 것으로 기록되어 있다. 〈상쾌한 아침〉 등 농촌의 삶을 소재로 한 몇 편의 작품을 통해, 소월이 식민지 시대 농민의 삶에 관심을 기울인 흔적을 확인할 수 있다. 하지만 소월이 농민들을 위해 헌신적인 활동을 했다는 북한 쪽 기록은 이 당시 소월이 놓여 있는 처지를 고려할 때 뭔가 믿기 어려운 측면이 있다. 소월이 '만주'로 이주하고 싶어 했다는 것은 그의 몇몇 작품을 통해 엿볼 수 있고 정황적으로 개연성이 있다. 진퇴양난의 상황에서 소월에게는 새로운 탈출구가 필요했을 것이기 때문이다. 하지만 이 역시 구체적인 계획이 아니라 무기력한 삶으로부터 탈출하고 싶다는 충동 수준을 넘지는 않았을 것이다.

자기반성과 재기의 몸부림, 그리고 비극적인 죽음

실패와 좌절이 연속된 생활 속에서 소월에게 구원의 빛이 있었다면, 그것은 시쓰기가 유일했을 것이다. 하지만 소월의 시쓰기가 풍부한 창작 성과로 이어졌다고 평가하기는 어렵다. 1925년 김억의 도움으로 시집 《진달래꽃》을 간행한 이후, 소월의 시 창작과 발표는 매우 뜸한 편이었다. 오늘날 대중이 널리 기억하는 소월의 명시들은 주로 시집 『진달래꽃』에 수록된 것이고, 이 작품들은 대부분 등단 무렵의 습작기 때 창작되었다. 1928년에 〈나무리벌 노래〉, 〈배〉, 〈옷과 밥과 자유〉 등을 발표한 이후 1933년까지 소월이 발표한 작품이 몇 편 되지 않는 점을 보면, 생활고와 무력감이 문필 활동

자체를 위축시켰다고 볼 수 있다.

더구나 소월은 일본 경찰의 감시, 원고 압수 등으로 인해 창작과 발표의 자유를 잃고 정신적으로 위축되어 있었던 상황이다. 뒤에서 살펴보겠지만, 소월은 이 시기 날카로운 비판의식과 민족의식을 바탕으로 식민지 현실을 노래한 작품들도 남겼다. 하지만 현실비판적 경향의 작품들은 문예 매체에 발표되지 못한 채 수고(手稿)로 남겨진 경우가 대부분이다. 문예 매체에는 발표되었지만 시집에는 수록되지 못해서 대중에게 잘 알려지지 않은 작품도 있다. 가장 아쉬운 것은 일본 경찰에게 압수당한 작품의 내용을 확인할 길이 없다는 점이다.

소월이 죽음에 이른 1934년에는 비교적 많은 작품들이 창작되었다. 〈제이·엠·에쓰〉(《삼천리》, 1934. 8)는 소월의 이 시절 생활 모습을 짐작해 볼 수 있는 작품이다.[38] 이 작품의 제목은 소월의 오산학교 시절 교장인 조만식의 이니셜이다. 소월은 이 작품에서 꿈속에서 조만식 선생을 뵙고 느낀 심정, 특히 자신의 방탕한 삶을 반성하는 모습을 보여주고 있다:

소박한 풍채, 인자하신 옛날의 그 모양대로
그러나 아 술과 계집과 이욕에 헝클어져
15년에 허주한 나를

웬 일로 그 당신님

맘속으로 찾으시오? 오늘 아침.

아름답다, 큰 사랑은 죽는 법 없어,

기억되어 항상 내 가슴속에 숨어 있어,

미처 거치르는 내 양심을 잠재우리,

내가 괴로운 이 세상 떠날 때까지.   - 〈제이·엠·에쓰〉 부분

소월의 정신세계에 영향을 끼친 오산학교의 중심엔 교장 조만식이 있었다. 소월은 학생 시절 자신의 재주를 사랑해준 조만식의 그 인자했던 모습, 그리고 민족을 위한 열정과 빛나는 눈빛을 떠올리고는 자신의 현재 모습을 되돌아본다. "술과 계집과 이욕(利慾)에 헝클어져/15년에 허주한" 자신을 꾸짖듯 꿈속에 들어온 조만식을 회상하면서 '양심(良心)'의 문제를 떠올리게 된 것이다. 그리고 젊은 날 지녔던 꿈과 이상, 절제와 검약이란 윤리적 덕목을 되새기면서, 자신이 현재 살아가는 삶이 잘못된 것임을 고백하기에 이른다. 특히 민족을 위해 열정을 불태운 조만식의 형형한 눈빛을 떠올리면서, '민족'이란 공동체를 저버린 자신의 부끄러운 삶에 대해 고백하고 있다.

〈기원〉과 〈건강한 잠〉(1934년 11월) 역시 이런 자기반성과 관련된 작품이다. 시인은 〈기원〉에서, 새벽 일찍 일어나 몸

을 씻고 단정히 꿇어앉아 새벽달을 보며 '비난수'를 하던 젊은 날을 떠올린다. 그리고 화자의 입을 빌어 그 순결하고 단정한 마음가짐을 "도루줍소사!"라고 기원한다. 또한, 〈건강한 잠〉에서는 봄날 아침에 산뜻한 마음으로 들길을 걸으면 "過去의 十年 記憶은 머릿속에 鮮明하고 오늘날의 보람 많은 計劃이 확실히 선다"는 말로, 방탕한 삶을 청산하겠다고 다짐을 한다. 이는 자기 규율과 절제를 회복하고, 개인의 이욕에서 벗어나 집단의 삶에 기여하겠다는 모럴 회복의 선언으로 볼 수 있다.

하지만 의욕만으로 삶이 개선될 수는 없었다. 그러기엔 소월은 이미 너무 멀리까지 와버린 것이다. 한 번 무너진 경제 형편은 쉬 나아질 수 없었고, 남과 어울리기 힘든 성품이니 선뜻 다른 사람에게 도움을 청하기도 쉽지 않았다. 문단 활동을 통해 새로운 활로를 모색하는 것 또한 여의치 않았다. 이 당시 소월이 지녔던 마음의 일단을 엿볼 수 있는 편지글이 전해진다.

저가 구성(龜城) 와서 명년(明年)이면 십년이옵니다. 십년도 이럭저럭 짧은 세월이 아닌 모양입니다. 산촌 와서 십년 있는 동안에 산천(山川)은 별로 변함이 없어 보여도 인사(人事)는 아주 글러진 듯 하옵니다. 세기(世紀)는 저를 버리고 혼자 압서서

달아난 것 같사옵니다. 독서도 아니하고 습작도 아니하고 사업도 아니하고 그저 다시 잡기 힘드는 돈만 좀 놓아 보낸 모양이옵니다. 인제는 또 돈이 없으니 무엇을 하여야 좋겠느냐 하옵니다.[39]

이 편지는 10년 만에 고향으로 성묘를 가기 전날, 스승 김억이 번역시집 《망우초》(1934)를 보내준 것에 대해 감사의 마음을 표현하기 위해 쓴 것이다. 위 인용문에는 소월의 근황이 그려져 있다. 고향에서 갇힌 처지를 '조롱 속의 새'에 비유하고 답답해했던 소월은 구성의 처가 근처로 이사를 와서 새로운 삶을 모색해 보았지만 사업은 번번이 실패하고 10년 가까이 무기력하게 살아갈 수밖에 없었다. 이에 대해 소월은 "아주 글러진" 인사(人事) 탓을 해보지만, 여기에는 자신의 무력함을 자책하는 심정이 더 크게 자리 잡고 있다. "무엇을 하여야 좋겠느냐"는 탄식에서는 자포자기의 심정까지 엿볼 수 있다.

이런 상황에서 소월은 뚜벅뚜벅 다가오는 죽음의 '운명'을 예감했던 것으로 보인다. 이 편지의 다른 구절에서 소월은 "先祖의 무덤을 찾아 명일 고향 곽산으로 뵈오려가려하옵니다"고 말하고 있다. 소월이 십 년 만에 고향에서 성묘를 했다는 사실은 계희영의 회고나 북한 쪽 자료에 나타난 친지들의 회고에서도 확인된다. 소월의 고향 성묘는 죽음을 앞둔 사람의 그것이 아니면 쉽게 납득하기 어려운 면이 있다.[40] 같은 편지에 있는 다음 구절은 매우 의미심장하다.

지사(志士)는 비추(悲秋)라고 저는 지사(志士)야 되겠사옵니까마는 근일(近日) 멧멧칠 부는 바람에 베옷을 벗어놓고 무명것을 입고 마른 풀대 욱스러진 들가에 섰을 때에 마음이 어쩐지 먼먼 거츨은 마음이 먼 멀은 어느 시절 옛 나라에 살뜰하다 지금은 너무도 소원(疎遠)하여진 그 나라에 있는 것같이 좀 서러워지옵니다.[41]

소월의 설움이란 마음이 '지금-이곳' 아닌 '어느 시절 옛 나라', '지금은 너무도 소원(疎遠)하여진 그 나라'를 향하기 때문에 생겨난 것이다. 그의 마음이 향하는 '나라'는 한동안 멀리했던 '시(詩)'의 나라로 짐작되지만, 명확하지는 않다. 다만 소월이 발을 딛고 있는 현실엔 더 이상 마음을 못 붙이고 있다는 사실만은 분명하다. '지금-이곳'이 아니라 '갈 수 없는 곳'을 향해 마음이 내달리는 것. 여기에서 우리는 죽음에 대한 시인의 강한 충동(혹은 예감)을 엿볼 수 있다.

실제로 소월은 성묘를 다녀온 후에도 술 마시는 생활을 이어갔다. 그러다가 하루는 장에서 돌아오는 길에 아편을 사왔다고 한다. 계회영이 소월의 아내에게 전해 들은 바에 따르면, 그날 밤 소월은 아내와 함께 술을 마시고 밤늦게 잠자리에 들었으나 아침에 싸늘한 시체로 변해 있었다. 소월의 이 죽음을 두고 자연사라 하기는 어렵다. 정황상 소월이 죽을 작정으로, 술 취한 상태에서 아편을 복용했을 가능성이 높다. 물론 아편 복용이 뚜렷한 자살 의지 때문이라고 단정하기도 어렵다. 김억의 회고와 김윤식의 연구에 따르면[42], 소월은 '저다병'(팔과 다리가 붓는 각기병)을 앓고 있었다. 따라서 통증을 잊으려 아편을 복용하다 실수로 치사량이 넘는 아편을 먹고 사고로 죽었을 수도 있다. 하지만 소월이 희망을 잃고 '설움'에 빠져들어 죽음 충동에 사로잡혔을 가능성이 높은 만큼, 그의 죽음을 자살로 보는 일반의 시각에 큰 무리는 없어 보인다. 스스로 목숨을 끊는 자살은 아닐지라도 자신에게 다가온 죽음을 거부하지 않은 것이라면 어떤 의미에서 그것은 '자살'일 수도 있기 때문이다.

소월을 '자살'이란 극단 상황으로 내몬 '설움'의 정체는 무엇일까? 이 평전의 서론에서 밝혔듯이, 소월은 '내면적 인간의 비극적 운명'을 떠안았던 시인이다. 그것은 근대시의 진정한 출발을 알리는 신호탄이었다. 소월은 부유한 집안의 촉망 받은 장손으로 성장했다. 가족의 관심과 기대 속에 근대 교육을 받았고, 그 당시로서는 최고 수준의 지식인 범주에 포함되는 천재 시인이었다. 하지만 그는 기질이 섬약했고 천성적으로 사교성이 떨어지는 사람이었다. 더구나 자신의 꿈(이상)과 가족의 기대 사이에 균열이 있을 때, 제 뜻을 펼치려고 집부리기보다 조부나 모친의 뜻을 존중하는 편이었다. 가족을 설득하여 서울과 동경으로 유학을 떠나기도 했지만, 자신을 염려하는 가족의 만류를 받아들여 유학 생활을 단념한 것이 단적인 예이다. 하지만 장손의 책무를 따르기 위해 꿈과 이상을 포기한다는 것은 슬픈 일이 아닐 수 없었을 것이다.

여기서 소월이 남다른 민족의식과 일본에 대해 저항심을 품었던 청년이란 사실도 중요하다. 그럼에도 소월은 한 집안의 장손이었던 까닭에 가족의 기대를 저버리고 공적 영역에서 민족을 위한 활동을 할 수 없었다. 게다가 일본에서 돌아온 후 경찰의 지속적인 감시로 인해 행동을 제약받았기 때문에, 소월의 내면에는 울분이 쌓일 수밖에 없었다. 이런 울분을 글로 표현하고 싶어도 표현의 자유가 허락되지 않았기 때문에 소월의 좌절감, 비애와 분노는 극에 달했을 것이다. 술에 취해 신세 한탄을 하는 것 말고는 할 수 있는 일이 없었던 것이다.

여기서 김억에게 보낸 편지를 통해 전해진 유작 〈삼수갑산〉(『신인문학』 3호, 1934.11)을 살펴볼 필요가 있다. 이 작품에서 소월은 '불귀'라는 표현으로 자신이 처한 한계상황과 유폐감

에 대해 토로하고 있다.[43)]

삼수갑산(三水甲山) 내 왜 왔노 삼수갑산이 어디뇨
오고나니 기험(奇險)타 아하 물도 많고 山첩첩이라 아하하

내 고향을 돌우가자 내 고향을 내 못 가네
삼수갑산 멀드라 아하 촉도지난(蜀道之難)이 예로구나 아하하

삼수갑산이 어디뇨 내가 오고 내 못 가네
불귀(不歸)로다 내 고향 아하 새가 되면 떠가리라 아하하

님 계신 곳 내 고향을 내 못 가네 내 못 가네
오다가다 야속타 아하 삼수갑산이 날 가두었네 아하하

내 고향을 가고지고 오호 삼수갑산 날 가두었네
불귀로다 내 몸이야 아하 삼수갑산 못 벗어난다 아하하

- 〈삼수갑산- 차 안서선생 삼수갑산 운〉 전문

소월은 고향을 등지고 '촉도지난' 같이 험난한 삼수갑산에
찾아와 스스로를 가두었다. 그러나 삼수갑산은 육체적, 정신
적 안식을 주지 못했다. 게다가 '님'을 만나려면 고향으로 돌

아가야 하나 자신을 가둔 삼수갑산 밖으로는 한 발자국도 나갈 수 없다. '새'가 되지 않는 한 첩첩산중에서 벗어날 도리가 없는 것이다. '삼수갑산'이라는 이 철저한 유폐의 공간을 선택한 사람은 정작 소월 자신이었다. 현실 도피를 위해서 말이다. 이런 점에서 "내가 오고 내 못 가네"(3연)란 역설적 표현은 식민지 지식인들이 처해 있던 정신적 유폐 상황을 보여주는 것이다. 즉 '삼수갑산'은 이상과 현실, 본질과 현상이 절대적으로 단절된 식민지 상황 속에서, 더 이상 나아갈 방향이나 출구를 찾지 못해 자기절멸 상태에 놓인 지식인의 상황에 대한 상징으로 볼 수 있다.

'고향'(이상, 본질)으로 돌아갈 수 없는 이 '불귀'의 상황성은 단순히 공간 차원뿐만 아니라 시간 차원에도 그 의미가 연결되어 있다. 탈향은 전근대적 인습과 인륜 질서에 대한 결별을 의미한다. 그것은 과거의 자기를 부정함으로써 새로운 자기를 만들어내야 하는 근대적 '자아의 형벌'[44]을 환기한다. 식민지 질서에 항거하는 것과 근대적 독립 국가를 세우는 것. 이 이중의 과제를 떠안아야 했던 식민지 지식인에게 부여된 '자아의 형벌'을 간과한다면, 〈삼수갑산〉에 담긴 소월의 설움이나 절망의 깊이를 헤아릴 도리가 없다.

물론 자발적으로 선택한 유폐의 운명을 포기하고, 식민지 현실에 순응하면서 살아가는 방법도 있다. 하지만 이것은 지식인(혹은 시인)임을 스스로 포기하는 길이 아니겠는가? 소월은 그저 순응과 저항, 탈향과 귀향 사이에서 이러지도 못하고 저러지도 못하고 있었을 뿐이다. 이런 점에서 소월은 지식인으로서 최소한의 모럴을 지켜냈다고 하겠다. 하지만 이런 상황을 비극적 운명의 표정으로 바라보는 시인의 마음속엔 설움이 사무친다. 이 설움이 〈삼수갑산〉의 핵심적인 정신 구조를 이루고 있는 것이다. '불귀'의 상황을 자각한 시인은 이제 스스로 선택할 수 있는 일이 아무것도 없음을 깨닫고, 그 돌파구로 '죽음(자살)'의 세계로 자신을 밀어 넣는다. '불귀'의 상황을 '자아의 형벌'로 여기고 스스로 목숨을 내던짐으로써 현실을 초극한 소월에게서 식민지 지식인의 참혹했던 내면 풍경을 엿볼 수 있는 것이다. '삼수갑산'은 이런 비극성을 표상하는 공간으로서 문학사적 의미를 지닌다 하겠다.

5 '조선'·'민족'에 호명된 주체 :
대중에게 잘 알려지지 않은 텍스트들

나 하고 싶은 노릇 나 하게 하여주소
못 잊혀 그립은 너의 품속이여!
못 잊치고, 못 잊혀 그립길래 내가 그리워하는 조선(朝鮮)이여
-〈마음의 눈물〉에서

소월 시의 서정적 울림

　소월의 절창이 독자들에게 서정적 울림을 주는 근본 요인
은 무엇일까? 소월 시에 대한 가장 일반적인 독법은 그의 시
에 나타난 서정적 울림을 정한의 정서, 설움의 정서로 특질화
하고, 이것이 '한국적' 전통의 목소리에 연결되어 있다고 보
는 것이다. 하지만 만일 소월이 지닌 서정적 울림의 요인을
'한국적인 것'에서만 찾으면, 그의 시가 외국의 독자들에게

조차 공감과 감동을 불러일으키는 것을 온전하게 설명하기 어렵다.

소월이 노래한 정한과 설움을 '한국적'이란 미적 특질에 한정하지 않고, 그것이 왜, 그리고 어떻게 인간의 실존이란 보편적인 문제의식에 연결되는가를 밝히는 것이 중요하다고 하겠다.

소월 시의 수용이 시집 《진달래꽃》(1925)에 편중된 점도 독서 대중의 오해가 생겨난 또 다른 이유라고 할 수 있다.[45] 소월 시의 화자들은 대체로 상실감과 비애에 몰입되어 있다. 근원의 세계, 본질의 세계에서 떨어져 나와 무상하기 짝이 없는 현상과 감각의 세계, 그 허깨비 같은 것 현실 속에서 무의미한 삶을 살아가는 것. 누구도 피할 수 없이 이 실존적 상황의 부조리함 앞에서 소월의 화자들은 눈물에 젖은 채 비통해하고 있다.

그렇다면 소월이 직면했던 이 근원적 허무가 어떤 방식으로 역사철학적 차원의 문제와 연결되는가를 함께 고려하지 않으면 안 된다. 이를 밝히려면, 우리는 시집 《진달래꽃》 너머로 눈을 돌릴 필요가 있다. 대중에게 알려지지 않은 소월의 다른 면모, 다른 목소리를 살펴볼 필요가 있다는 말이다.

타자들의 귀환, 타자들의 목소리

민요시의 율격 구조, 절차탁마한 시어, 애상의 어조, 여성적인 목소리는 흔히 소월 시의 전형적인 특징으로 지적된다. 그런데 시집 《진달래꽃》에는 이와 다른 이질적 경향의 작품도 다수가 있다. 〈바라건대는 우리에게 우리의 보섭 대일 땅이 있었더면〉 계열의 농민시가 그러하다. 이 작품들은 율문 형태를 탈피하여 보다 자유로운 시 형태에 근접하고 있다. 그런 만큼 시적 정서의 절제미가 떨어지고 화자의 목소리와 어조 역시 남성적이고 결연한 느낌을 준다. 김억은 소월의 여러 경향 중에서 전자를 높이 평가했다. 민요시를 한국 자유시가 나아갈 방향으로 생각했던 김억으로서는 당연한 일이었다. 하지만 민요라는 비교적 안정된 시 형태와 운율로는 산문적인 현실, 즉 식민지적 근대의 변화무쌍한 현실을 담아내기는 어려운 것이 사실이었다. 소월 역시 현실 체험을 민요시라는 틀에 가두는 것이 얼마나 답답한 노릇인가를 잘 알고 있었다. 소월이 김억과의 거리 두기를 감행하지 않으면 안 되는 지점. 《진달래꽃》을 간행할 무렵 소월은 이미 그 지점에 도달해 있었던 것이다.

동(東)이랴, 남북(南北)이랴,

내 몸은 떠나가니, 볼지어다,

희망의 반짝임은, 별빛치 아득임은,

물결뿐 떠올라라, 가슴에 팔다리에.

그러나 어쩌면 황송한 이 심정을! 날로 나날이 내 앞에는

자칫 가느른 길이 이어가라. 나는 나아가리라

한걸음, 또 한걸음, 보이는 산비탈엔

온 새벽 동무들 저 저 혼자 …… 산경(山耕)을 김 매이는.

-「바라건대는 우리에게 우리의 보섭 대일 땅이 있었더면」 부분

이 작품은 민요조 율격에서 벗어나 근대 자유시의 운율과 형태에 보다 근접하고 있다. 또한 여성적 어조나 애상감도 찾아보기 어렵다. 오히려 남성적(의지적) 어조로 활달한 느낌을 자아내는 편이다. 시의 내용에서도 변화가 있다. 《진달래꽃》의 작품들은 주로 임과의 이별, 그리움과 같은 사적인 감정, 특히 내면에 자리 잡은 다소 모호한 정서적 체험과 분위기를 표현하고 있다. 반면 위 작품은 땅을 잃고 고향을 등져야 했던 유이민들이 새로운 삶의 터전을 일구는 과정을 그리고 있다. 개인의 은밀한 감정 대신에 시대 현실의 전형적인 국면을 포착하여 이를 사실적으로 그려낸 것이다. 뿐만 아니라, 부조리한 현실에 좌절하지 않고 새로운 삶을 꿋꿋하게 개

척하는 농민을 통해 현실 극복의 의지와 미래에의 전망을 제시한 점도 특징이다.

소월의 이런 변신은 결코 돌연한 것이 아니다. 부친의 불행을 지켜보면서 어린 나이에 일찍 일본(인)의 잔학성을 경험했고 오산학교에서의 교육을 통해 민족의 현실에 눈을 떴던 소월이고 보면, 자기 주변의 농민들이 겪고 있던 착취와 수탈의 고통을 노래한 것은 어쩌면 자연스러운 일이었다. 그의 시적 변화는 한 시인이 개인적 자아에서 민족적 자아로 성장하는 과정을 보여주는 동시에, 근대시 형성 과정에서 우리 시의 질적 고양을 보여준 것이다. 이런 변화는 시의 형식 및 형태상의 변화와 동시에 발생했다. 소월은 김억의 영향에서 벗어나 이제 시의 언어와 형태를 동시대 현실과 직접 접촉시키기 시작했다. 그 결과 소월의 시가 산문화의 길을 밟아간 것은 어느 정도 불가피한 현상이었다.

이런 변화 가능성은 소월의 초기시에서 이미 배태해 있었다. 이 책의 3장에서 소개한 〈서울의 거리〉는 산문적 현실과 운문적 형식 사이의 균열을 예고했던 것이다. 물론 소월은 〈서울의 거리〉에서 분출된 그 이질적인 목소리와 분열된 시선을 애써 외면하려 했다. 스승 김억을 좇아 시를 창작하려면 근대(성)의 경험을 시에서 최대한 배제할 수 있어야 했기 때문이다. 내용과 형식의 괴리를 애써 외면하고, 말로 표현하기 어려운 웅축된 감정들을 절제된 언어와 형식에 녹여 넣는 일. 시적 천재성이 없으면 도달할 수 없는 이 경지를 소월은 보여주었다.

하지만 소월은 시적 절제가 초래하는 그 긴장감을 끝까지 지속할 수 없었던 것으로 보인다. 그는 동경 유학을 포기하고 고향에 머물면서 무기력한 삶을 살아가고 있었고, 게다가 잇따른 실패와 좌절로 인해 몸과 마음이 상할 대로 다 상해 있었다. 이런 상태에 놓여 있던 소월이 고도로 정제된 시의 형식이나 언어의 경제가 주는 그 팽팽한 긴장감을 유지하는 일은 불가능했을 것이다. 결국 소월은 시의 언어를 보다 산문적인 것에 근접시키는 방향으로 나아갔다. 그것은 〈무덤〉이나 〈초혼〉에서 어렴풋하게 그려졌던 식민지의 타자들의 얼굴(형상)을 떠올리면서, 그것에 일일이 이름을 붙이는 작업이었다.

"조선 생명된 고민" - 소월이 발견한 '조선'과 준비론 사상

김소월 시의 산문화 경향은 시집 《진달래꽃》에 수록되지 않은 작품들, 가령 1939년 김억에 의해 간행된 《소월시초》에 수록되거나, 혹은 매체에 발표되었음에도 시집에 수록되지 못한 작품, 더 나아가 미발표 유고시에서 보다 뚜렷해졌다.

시의 산문화란 일종의 '언어의 넘침'이다. 정제된 시 형식에 담아낼 수 없는 현실 경험이나 내면의 고뇌를 다소 거칠고, 과잉된 언어로 표현하는 것이다. 따라서 이런 산문화 현상을 초래한 시인의 경험이 어떤 양상을 보였는가에 주목할 필요가 있다. 소월이 1920년대 중반 시에 담아내려 했던 것은 바로 '조선 생명된 고민'이다. 미발표 유작시인 「봄과 봄밤과 봄비」를 통해 이를 구체적으로 살펴보자. [46]

오늘밤, 봄밤, 비오는밤, 비가
햇듯햇듯 보슬보슬 회친회친, 아주 가이업게 귀업게
비가 나린다, 비오는 봄밤,
비야말로, 세상을 모르고,
가난하고 불상한 나 이 가슴에도 와주는가?

한강, 대동강, 두만강, 낙동강, 압록강,
보통학교 삼학년 오대강의 이름 외이든 지리시간,
주임선생 얼굴이 내 눈에 환하다.

무쇠다리 우레도, 무쇠다리를 스를 듯, 비가 온다.
무쇠다리우헤도, 무쇠다리를스를듯, 비가온다.
이곳은 국경, 조선(朝鮮)은 신의주(新義州), 압록강(鴨綠江), 철교

(鐵橋),

철교(鐵橋)우헤나는섯다. 분명(分明)치못하게? 분명(分明)하게?

조선(朝鮮) 생명(生命)된 고민(苦悶)이여!

우러러보라, 하늘은 감핫고아득하다.

자동차(自動車)의, 멀니, 불붓는 두 눈, 소음(騷音)과 소음(騷音)과 냄새와 냄새와,

조선인(朝鮮人), 일본인(日本人), 중국인(中國人), 멧명(名)이나 될꼬……

지나간다, 지나를간다, 돈 잇는 사람, 또는, 끼니좃차 벗드린 사람

사람이라 어물거리는 다리 우헤는 전등(電燈)이 밝고나

다리 아래는 그늘도 깁게 번듯거리며

푸른 물결이 흐른다, 구뷔치며, 얼신얼신.

-「봄과 봄밤과 봄비」전문

시인을 사로잡은 '조선 생명된 고민'의 실체는 명료하지 않다. 하지만 인용된 시의 시간·공간적 배경을 통해 '고민'

의 실체를 추정할 수는 있다. 화자는 봄비 내리는 어느 밤, 압록강 철교 위에 서 있다. 그가 선 자리는 조선과 중국 사이의 경계이다. 국적이 다른 수많은 사람들이 철교 위를 오가고, 그 중에는 돈이 많은 사람도 없는 사람도 섞여 있다. 이런 국경의 풍경이 화자에게 "조선 생명된 고민"을 불러일으킨다. 그것은 압록강 이편이 분명히 조선의 땅이지만 그것을 자신의 영토로 선언할 수 없는 식민지 지식인의 자의식과 관련이 있다. 여기서 시인은 보통학교 삼 학년, 그러니까 남산학교 재학 시절에 지리 수업을 받으면서 우리나라 강 이름을 외웠던 일을 기억해낸 것이다. 지리 교과는 근대지리학이 수립한 지식을 전수하면서 소위 '민족'을 상상하게 하는 제도적 기제라 할 수 있다. 남산학교의 지리 교육이 '조선민족'을 상상하게 하는 방법으로 지명을 외우게 했을 것임은 쉽게 이해할 수 있다.

문제는 학교에서 받은 민족 교육과 압록강 철교에서 바라본 국권 상실의 현실 사이에 있는 차이이다. 그러니까 소월이 말하는 '조선 생명된 고민'이란 내 땅을 두고 내 땅이라 말하지 못하는 비극적인 민족 현실, 그럼에도 분노를 표출할 방법이 없음을 자각한 데서 오는 설움과 관련이 있다. 그의 눈에 끼니조차 잇지 못하는 헐벗은 조선 민중의 모습이 비칠 때, 시인이 식민지 지식인으로서 느끼는 비애는 증폭될 수밖에 없다. 마지막 연에서 화자는 먹먹한 심정으로 다리 위 전 등과 다리 아래 푸른 물결로 시선을 돌린다. 현실을 외면하기 위해서가 아니라, 그 참혹한 현실이 차마 두 눈 뜨고 바라볼 수 없었기 때문이다.

「봄과 봄밤과 봄비」는 미발표 유작시이다. 당연히 창작 시기도 명확하지 않다. 이 작품이 발표되지 못한 이유는 여러 가지로 짐작해 볼 수 있다. 문단 활동이 활발하지 않았던 소월이 발표 매체를 찾기가 쉽지는 않았을 것이다. 더구나 문단과 소월을 연결하는 거의 유일한 끈이었던 김억에게 이 작품은 예술적으로 훌륭한 작품으로 비치지 않았을 것이다. 이 작품이 김억이 묶어낸 《소월시초》(1939)에 누락된 점이 이런 추측의 설득력을 높인다. 이 작품은 식민지 현실에 비판적인 내용을 담고 있기 때문에, 시인 스스로 자기 검열을 하였다고 볼 수도 있다. 하지만 카프(KAPF) 시인들이나 민족주의 시인들의 시 중에는 이보다 훨씬 과격한 내용을 담고 있는 작품도 많은 점을 고려하면, 이 작품이 공식 검열 때문에 미발표작으로 남았을 가능성은 낮아 보인다. 어떤 경우이든, 이 작품이 그려낸 민족 현실과 식민지 지식인의 고뇌는 우리가 익히 알고 있는 소월 시의 경향과 크게 다르다.

하지만 「봄과 봄밤과 봄비」의 민족의식에는 구체성이 다소 결여되어 있다. 고민의 내용은 그렇다 쳐도, 그 고민을 통해서 말하려는 바가 무엇인지 짐작하기 어렵다. 이 당시 문단은 민족주의, 사회주의, 무정부주의 등 다양한 이념이 서로 경쟁하면서 반식민주의 담론을 확산시켰다. 이와 비교하면 소월 시의 민족의식은 추상성을 벗어난 수준이라 평가하기 어렵다. 물론 그가 교육을 받았던 오산학교의 분위기를 고려하면 소월이 선택했을 이념의 윤곽을 그려볼 수는 있다.

오산학교는 이승훈, 조만식 같은 기독교 계열의 민족주의자들이 설립한 학교이다. 이 학교의 교육 역시 이런 선각자들이 품었던 이념의 자장, 민족주의적 이상과 그리 멀지 않았다. 그런데 소월의 정신세계에 영향을 준 선각자들은 도산 안창호의 독립운동 노선을 따른 경우가 많다. 주지하듯이, 일제 강점기의 독립운동에는 다양한 분파가 있었다. 각 분파는 이념과 실천의 양 측면에서 상이한 노선을 걷고 있었다. 구체적으로 이념의 측면에서 민족주의, 사회주의, 무정부주의 등의 노선이 있었고, 실천 방법의 측면에서 무장독립운동, 외교노선, 준비론 등의 노선이 있었다. 각 분파는 때로는 대립·경쟁하면서 혹은 협력하면서 민족 해방과 독립국가 건설이라는 시대적 과제를 향해 나아갔다.

이 중 도산이 제창한 독립운동노선은 흔히 '준비론'이라 일컬어진다. 지금 당장 민족이 독립하기엔 스스로의 역량이 부족함을 인정하고, 독립국가의 초석을 쌓기 위해 먼저 교육에 힘쓰고 민족 산업을 부흥해야 한다는 논리인 것이다. 일제의 강압적인 수탈과 착취에 맞서 무장 투쟁을 하느라 값없이 피 흘리기보다는, 실력을 양성하면서 먼 훗날을 기약하자는 것이다. 도산이 역설한 '무실역행(務實力行)'은 바로 준비론 사상의 이념적, 실천적 본질을 보여준다.

도산의 준비론은 민족주의 계열의 지식인들, 특히 기독교의 배경을 지닌 서북지역 지식인들 사이에 폭넓은 공감을 얻고 있었다.[47] 그리고 구석구석에서 안창호의 가르침을 묵묵히 실천하는 사람들도 상당수가 있었다. 여기서 준비론 사상의 영향을 뚜렷한 소월의 미발표 유작시 〈인종〉을 살펴볼 필요가 있다.[48]

우리는 아기들, 어벼이 업는 우리 아기들
누가 너의들다려, 부르라드냐
즐겁은 노래만을, 용감한 노래만을
너의는 안죽 자라지 못했다, 철없는 고아들이다.

철없는 고아들! 어듸서 배윗느냐
「オレハ河原ノ枯ススキ」혹은,
철업는 고아들, 부르기는 하지만,
「배달나라 건아(健兒)들야 나아가서 싸호라」

안즉 어린 고아들! 너의는 주으린다,

학대(虐待)와 빈곤(貧困)에 너의들은 운다.

어쩌면 너의들에게 즐겁은 노래 잇슬소냐?

억지로 「나아가싸호라, 나아가싸호라, 즐겁어하라」

이는 억지다

(중략)

우리 노래는 가장 슬프다.

우리는 우리는 고아(孤兒)지만

어버이 업는 아기어는,

지금은 슬픈 노래 불러도 죄는 업지만,

즐겁은 즐겁은게 노래 부른다.

슬픔을 누가 불건전(不健全)하다고 말을 하느냐,

죠흔 슬픔은 인종(忍從)이다.

다만 모든 치욕(恥辱)을 참으라, 굴머 죽지 안는다!

인종(忍從)은 가장 덕(德)이다.

최선(最善)의 반항(反抗)이다

안즉 우리는 힘을 기를 쌘.

오즉 배화서 알고 보쟈.

우리가 어른 되는 그날에는, 자연(自然)히 싸호게 되고,

싸호면 이길 줄 안다.

-「忍從」부분

이 작품에서 작중 청자는 '철 없는 고아들', 즉 어버이 없는 아이들로 설정되어 있다. 물론 '고아'란 실제의 고아가 아니라 나라 잃는 우리 민족에 대한 비유이다. 이 '고아들' 앞에는 세 유형의 노래가 있다. "나는 냇가의 마른 갈대"란 표현이 들어 있는 노래, "배달나라 건아(健兒)들야 나아가서 싸호라"라는 노래, '우리 조선(祖先)'의 노래가 그것이다.

첫 번째 노래는 이 당시 조선에서도 인기를 끌고 있었던 일본 대중가요이다. 이 노래의 노랫말이 지닌 퇴영성은 염려스러운 것이다. 하지만 '고아들'이 이 노래를 불러서는 안 되는 이유는 다른 데 있다. 이 노래는 '우리'의 노래가 아니라 '남' (일본)의 노래이다. 이 시의 7연에서 화자는 남의 노래를 부르는 것은 '거지'의 마음이라고 비판한다. 소월의 주체적 민족의식과 남다른 민족 사랑을 엿볼 수 있는 것이다.

두 번째 노래는 당시 우리 민족이 만들어 부르고 있는 노래로서, '고아들'에게 즉각적인 행동을 요구하는 내용으로 이루어져 있다. 즉 '고아들'을 "배달나라 건아(健兒)들"이라 호

명하고, 이 호명된 주체들에게 나라와 민족을 위해 즐거운 마음으로 싸울 것을 '선동'하는 것이다. 소월은 이런 선동을 '부질없는' 것이라고 비판한다. '어버이 없는 아이'에 불과한 어린 청자에게 싸움을 선동하는 것은 '독'이자 '억지'이기 때문이다. 이 유형의 노래는 결국 독립운동 노선 중에서 대결론 혹은 무장투쟁론 계열의 사상을 대변한다.

세 번째 노래는 '우리 조선(祖先)의 노래'이다. 시인은 이 노래가 '고아들'이 따라 불러도 좋은 노래라고 말한다. 그 이유는 그것이 '우리' 노래이기 때문이다. '우리' 노래 중에는 슬픈 노래도 있고 즐거운 노래도 있다. 슬플 때에는 슬픈 노래를 부르고, 기쁠 때는 즐거운 노래를 부는 것은 당연하다. 마침 우리 선조가 물려준 노래 중에는 인간의 희로애락을 담은 노래가 많이 있다. 우리는 이런 '건전(健全)'한 노래를 불러야 한다. 이런 건전한 노래에는 "우리의 정신"이 깃들어 있고, 그 정신 가운데서야 "생존의 의의"가 있기 때문이다.

이 작품에서 소월은 '우리' 노래에 깃든 '슬픔'이 건전하지 않은 것이란 비판을 의식한다. 하지만 이 비판에 맞서 소월은 "죠흔 슬픔은 인종(忍從)이다"는 역설적 표현을 내세웠다. 슬픔이 어떻게 좋을 수 있으며, 인종이 될 수 있는가? 여기에 내재한 역설적 세계 인식은 소월의 삶과 문학을 관통하는 핵심적 이념이라고 할 수 있다. 사실 '슬픔'이란 감정 그 자체는 좋을 것도, 나쁠 것도 없다. 그것은 인간이면 누구나 경험하는 가장 기본적인 감정일 뿐이다. 이런 감정에 가치 판단이 개입될 수는 없다. 그렇다면 '좋은 슬픔'은 슬픔 자체의 좋고 나쁨이 아니라, '슬픔'이란 감정을 소비하는 방식의 좋고 나쁨을 가리킨다고 볼 수 있다. 조상의 슬픈 노래를 부르면서 슬픔을 달래고 감정을 정화하는 것이 바로 '좋은 슬픔'이다. 그것은 '불건전'한 정신이 아니라 '인종'하는 정신에 연결되기 때문이다.

다만 소월이 말한 '인종'을 부조리한 현실을 인정하라는 의미로 읽어서는 곤란하다. 지금 '고아'들이 처한 현실은 부당하지만, 그 부당함을 참고 견디어야 한다는 것이 인종의 참된 의미이다. 왜 그것을 참고 견뎌야 하는가? 왜 "모든 치욕을 참으라"고 요구하는가? 소월은 인종을 최고의 '덕'이자 최선의 '반항'이라고 보았다.

조선의 아이들은 지금 배움을 통해서 힘을 길러야 한다. "어른이 되는 그날", 그러니까 배움을 통해 힘을 쌓은 먼 훗날에 "자연히" 싸움을 할 수 있을 것이고 그 싸움은 승리로 귀결될 것임을 믿기 때문이다. 결국 이 시에서 소월이 말한 진실 혹은 이념은 도산 안창호가 제창한 '준비론' 사상의 핵심에 맞닿아 있다고 할 수 있다.

6 되살아오는 그 이름, 소월

세월은 물과 같이 흘러가지만
가면서 함께 가자 하던 말씀은
당신을 아주 잊던 말씀이지만
죽기 전 또 못 잊을 말씀이외다.
-〈임의 말씀〉에서

타자의 얼굴, 그리고 윤리와 모럴

소월의 준비론 사상은 얼마나 철저한 것이었을까? 그리고 준비론 사상을 실천하기 위해 어떤 노력을 했을까? 우리는 이 물음에 만족할 만한 답을 내릴 만큼 구체적인 사실이나 증거를 가지고 있지 않다. 1920년대 말부터 그가 죽은 1934년까지 소월이 공적 영역에서 활동한 사항을 확인할 수 있는 기록은 거의 없다. 몇몇 지인의 회고담 외에는 그의 실제 생황을 재구(再構)할 때 필요한 신뢰성 있는 자료가 없는 것이다. 문학 작품을 통해 이 당시 소월이 품었던 생각을 짐작해볼 수 있지만, 이는 퍼즐 맞추기 수준을 넘기 어렵다. 준비론 사상이 과연 소월이 작품에 형상화하려 했던 핵심적인 주제 의식이었지 판단하기는 어렵다.

다만 우리는 가설 수준에서, 소월이 품었던 사상의 일단을 제시할 수 있다. 소월은 삶과 문학을 통해 식민지 시대 우리 민족이 겪고 있던 비애를 노래하려 했고, 그 밑바탕에는 강한 민족의식이 자리 잡고 있었다. 특히 소월의 시는 식민지 침탈로 인해 파괴되어버린 민족 단위의 삶과 그 비극성을 부각시켰고, 식민지 지식인의 정신적 고뇌를 토로하는 과정에서 공동체적 이상 실현에 대한 소망을 보여주었다.

소월이 추구했던 윤리 역시 마찬가지이다. 그는 개인의 주관적인 모럴을 넘어 훨씬 보편적인 인류의 차원에서 윤리 의식을 구축하였다. '조선(祖先)', 즉 조상이 물려준 노래를 바탕으로 새로운 노래를 만들었고, "조선(朝鮮) 생명된 고민" 때문에 겪는 지식인의 양심을 토로했으며, 부재하는 '님'에 대한 회복 의지를 보여주었다. 때로는 무기력함과 좌절감에 신음하긴 했지만, 소월은 자신의 생활을 되돌아보면서 바람직한 삶의 자세를 탐색한 반성적 주체였던 것이다.

그럼에도 우리는 소월의 삶과 문학을 흔히 '민족주의'
란 이념의 지평에 가두어 바라보는 경향이 있다. 실제로
1920~30년대 한국 시사를 서술하는 연구자들은 대체로 소월
(시)을 '민족주의 계열'로 분류하여 서술하고 있다. 민족주의
의 외연을 넓게 잡을 때, 소월의 삶과 문학을 민족주의의 범
주에 포함시켜 서술하는 것이 잘못된 것이라고 말하기는 어
렵다.

하지만 소월의 민족의식은 탈민족주의 시대인 오늘날에
도 많은 것을 시사한다. 특히 소월은 당대 시단의 '조선주의
(자)'가 빠져들었던 이념적 편향성에서 벗어나 있었다. 소월
은 고뇌에 빠진 '조선(인)'의 생명과 감정을 노래했지만, 조선
(인)의 특수성과 우수성만을 주장하지는 않았다. 그는 '조선'
을 절대적 가치로 이념화하려는 민족 우월주의적 사고방식
을 극복한 시인이었던 것이다. 또한, 소월은 일본의 관변 사
학자나 미술사가처럼 조선의 고유성을 찾아내 이를 '조선적'
인 특질로 특수화하는 시각, 즉 조선을 타자화하는 오리엔탈
리즘적 시선과도 거리를 두었다. 그의 노래엔 애처로움, 가
냘픔, (정)한, 곡선과 같은 미적 특질이 나타나지만, 소월은 이
런 미적 특질을 시간을 넘어 영속하는 조선적 특성으로 규정
하지도 않았다.

소월은 '조선'의 '슬픔'을 노래할 때에도 그 노래를 통해

'슬픔'을 넘어서는 힘을 보여주었다. 이것은 그의 전통의식과 민족의식이 보편주의 윤리에 기초했기 때문에 가능했다. 가령, '한'의 문제를 놓고 생각해 보자. 우리는 소월 시를 수용할 때 '한'을 '민족'의 좁은 울타리에 가두는 시각에서 벗어나야 한다. 그럴 경우 소월의 '한'은 우리 민족만 지닌 정서적 특질로 절대화될 수 있기 때문이다. 소월의 '한'을 우리 민족이 겪은 고난의 역사 특히 국권 상실 체험과 오버랩하여 읽어낼 때, '한'은 마치 '민족'을 표현하는 유일한 방법인 양 간주될 위험이 있다.

'눈'을 조금 크게 뜨면, 우리는 이런 민족주의적 시각이 얼마나 편협한 것인지에 대해 깨달을 수 있다. 소월의 '한'이 아니더라도, 식민지 시대의 척박한 삶을 노래한 작품은 얼마든지 많다. 소월의 '한'은 식민지 시대의 아픔을 노래하는 방식 중 하나였지만 가장 좋은 방식은 아니었다.

이제 눈을 들어 우리 민족 바깥으로 시선을 돌려 보자. 이 지구 상에 '한' 없는 민족은 어디에도 없다. 고난을 당했다고 말하지 않는 민족은 어디서도 찾을 수 없다. '한'은 인간의 실존의식, 즉 존재의 모순과 비극적 상황 인식에서 생겨난 역설적 감정이다. 따라서 한이 '민족적' 삶의 어떤 고유하고 특수한 국면, 즉 다른 민족과 구별되는 고유한 경험에서만 생겨나는 것이라고 여겨서는 곤란하다.

이런 윤리적 보편주의의 시각을 놓칠 때, 우리는 소월을 '우리'의 소월로 가두어버리는 결과를 낳게 된다. 이제 소월의 '조선'을 조선'주의'란 좁은 틀에 가두는 시각을 버려야 하는 지점에 와있는 것이다.

소월은 '조선'의 비극을 노래한 시인이다. 하지만 그의 노래는 '조선'의 비극을 초래한 일본 제국주의를 우회적으로 비판하기 위한 것이었다. 소월은 오히려 보편주의 윤리관 위에서 '조선'이란 정체성을 상상했다. 조선 '인'의 위기를 말함으로써 인간의 실존적 한계를 돌파하려 했던 것이다.[49] 소월은 근대적 자아가 짊어져야 했던 그 형벌, 혹은 식민지 지식인의 비극을 안고 살아간 시인이었다. 소월은 그러한 운명을 직시함으로써, 자신의 노래를 '민족'의 노래, 더 나아가 '인간'(혹은 세계)의 노래로 거듭나게 할 수 있었다. 이런 역설의 미학을 알려준 소월은 그래서 여전히 우리와 동시대의 시인으로 끊임없이 되살아날 수 있는 것이다.

소월, 우리의 동시대인

소월의 시에 주목했던 많은 비평가 중에서, 1950년대의 촉망받았던 젊은 문학 비평가 고석규가 있다. 소월과 고석규는 모두 일찌감치 자신의 문학적 천재성을 보여주었다는 점에서 공통적이다.

주목되는 점은 두 사람 모두 젊은 나이에 요절했다는 사실이다. 어떤 형태의 죽음이든 비극적이지 않은 것은 없다. 하지만 천재의 요절만큼 비극성을 환기하는 죽음은 없을 것이다. 이들의 삶과 문학에 대해 비극성을 느끼는 것은 후대의 몫이다. 하지만 정작 비극적 죽음을 맞이하는 자가 느낄 '황홀'의 순간이란 것도 있지 않을까? 모든 존재자는 비존재(죽음)의 가능성을 자기 내부에 간직하고 있다. 그런데 자신의 유기성이 폐기되는 그 찰나의 순간에 인간은 부조리한 실존 상황에서 영원히 해방된다. 죽음의 순간에, 자신의 죽음을 비극적 황홀 속에서 대상화하여 바로 볼 가능성. 그것은 근대 세계의 심연을 직시했던 문학적 '천재'들만의 몫이 아닐까 한다.

그렇다면 고석규가 소월 시에서 발견한 '소월다움'은 과연 무엇이었을까? 그는 소월 시에서 민족의 정한이라든가, 민요적 율격이라든가, 조선적인 것의 특수성을 찾아내려 하지 않았다. 그는 소월의 소월다움, 혹은 소월의 천재성을 "소월에겐 남다른 '눈'이 있다"[50]는 말로 표현한 바 있다. 그것은 근대가 애써 망각하고 부정했던 '자연 속의 서정'을 발견한 '눈'이었다. 소월이 즐겨 사용한 '님'이란 결국 '자연'을 의인화하여 표현한 또 다른 이름일 뿐이다.

그런데 소월은 "아주 돌아올 수 없는 단념 속에 잊혀진 님"을 끊임없이 호명한다. 돌아올 수 없는 임을 끊임없이 불러 내려면 자기 내부에 "속임하는 자기"와 "속임을 당하는 자기"가 동시에 존재해야 한다. 고석규에 의하면, 소월은 자아를 이중화하는 전략을 가지고 세계에 대한 비극적 비전을 드러낼 줄 알았던 아이러니스트였다. 고석규가 소월 시에서 "현대시의 첨단에까지 번져오는 저항의 요소, 다시 말하자면 역설하는 정신"[51]을 발견한 이유가 여기에 있다. 그는 소월의 '역설하는 정신'을 그의 시에 나타난 '아니'와 '못'이란 시어에서 찾았다. 부정의 의미를 담고 있는 이 부사어만큼 인간(근대인)의 운명과 실존의 한계에 대한 대결과 저항 의식을 잘 보여주는 것은 없다는 것이다. 여기서 고석규는 '부정성(Negativity)'이란 용어를 사용하고 있거니와, 그것은 '아니'와 '못'에 의해 환기되는 부정의식이 근대 세계에 대한 서정적 초월의 정신에 맞닿아 있기 때문이다.

　소월이 마주쳤던 식민지 근대의 현실과 인간 실존의 비극성은 오늘날 우리 자신의 모습과 그리 멀지 않은 곳에 있다. 소월이 당면했던 과제들은 여전히 우리의 과제이기도 하다. 그의 서정적 언어는 여전히 오늘날에도 정서적 울림을 준다. 그 울림은 소월이 우리 '민족'의 심성을 자극하거나 한국의 고유한 미감을 간직하고 있기 때문이 아니라, 오늘날 우리 삶이 여전히 해결하지 못한 문제들에 대해 대결과 저항이 필요하다고 깨우쳐주기 때문이다.

소월은 이제 식민지 시대의 시인이 아니라 우리 시대의 시인으로, 한국의 시인이 아니라 세계의 시인으로 다시 소환되어야 한다. 우리는 소월과 같은 시대를 살아가는 동시대인이라는 자각! 그것이 소월이 오늘날 우리에게 '눈물'로서 호소하는 진실일 것이다.

김소월 연보

1902년

9월 7일(음 8월 6일) 평북 정주군 곽산면 남단리 569번지(실제로 태어난 곳은 평북 구성군 서산면 왕인동 외가임)에서 출생. 부 김성도(金性燾)와 모 장경숙(張景淑) 사이의 장남으로, 본명은 廷湜이고 아명은 갓놈. 본관은 공주(公州)이며, 조부인 김상주(金相疇)가 대지주였으며 광산업을 경영했던 까닭에 집안의 경제적 형편은 넉넉한 편이었다고 전해짐. 조부는 유교 사상에 철저했지만 근대 문물에 대해서도 비교적 개방적이었다고 함.

1904년

부친이 처가에 친행을 가던 중 정주와 곽산 사이의 철도를 부설하던 일본인들에게 폭행을 당하는 사건이 발생함. 이 사건으로 인해 부친은 평생 정신이상 증세로 불구의 삶을 살았음.

1905년

삼촌과 결혼하여 한 집에 살게 된 숙모(계희영)로부터 고대소설 및 전설, 민담을 즐겨 들었으며, 자신이 들은 이야기들을 구술할 정도로 기억력이 비상했다고 함.

1907년

조부가 독서당(獨書堂)을 개설하고 훈장을 초빙하여 한문공부를 시켰음.

1909년

공주 김씨 문중에서 세운 남산소학교에 입학. 머리가 총명하여 신동이라 불렸으며 이승훈, 김시참 선생의 강연을 듣고 민족의식에 눈뜸. 서춘

(徐椿) 선생의 지도로 문학수업을 받았으며 글쓰기에 능숙했다고 함. 부친의 정신병이 악화되어 집안 분위기가 우울한 편이었음.

1913년
동네에 퍼진 장질부사로 4개월간 앓고 휴학함.

1915   13세
남산소학교를 졸업(8회)하고 마땅히 진학할 곳을 찾지 못해 3년 정도 고향에 머물렀음. 연보에 따라서는 이해 4월에 오산학교 중학부에 입학한 것으로 기록된 경우도 있지만 분명치 않음.

1916년
할아버지의 지시로 구성군 평지동의 남양(南陽) 홍(洪)씨 명희(明熙)의 딸 단실(丹實)과 결혼함. (연보에 따라서는 1917년에 결혼한 것으로 기록하고 있음)

1917년
4월에 고향 인근의 오산학교 중학부에 입학함. 남강 이승훈이 설립한 이 학교의 교장은 조만식(趙晚植)이었으며, 그 영향으로 민족의식을 키우게 되었다고 함. 스승 안서를 만나 본격적인 문학수업을 받고 시작(詩作)에 손을 댔으며 소월의 초기시 중 상당수는 오산학교 시절에 창작된 것이라고 함.

1919년
민족의식이 팽배해 있던 오산학교에서 교육받은 소월은 3·1 운동이 발발하자 이에 적극 참여. 3·1 운동의 여파로 오산학교가 일시 폐교되어 학업을 중단할 수밖에 없었으며, 나중에 졸업예정자로 수료장(어떤 연보에는 1921년에 오산학교 중학부를 졸업한 것으로 기록되어 있으나 정확한 것으로 보이지는 않음)만 받았다고 함.

1920년

안서의 지도로 창작에 매진하고 『창조』 2호에 「낭인의 봄」 등을 발표하여 문단에 데뷔.

1922년

4월에 배재고등보통학교 5학년에 편입하여 우등생으로 1년간 다님.

1923년

배재고등보통학교 졸업(제7회). 4월에 일본 동경상대에 진학(진학에 실패했다는 설도 있음)하기 위해 도일했지만, 9월에 발생한 관동대지진으로 인해 일시 귀국했다가 학업을 중단함. 귀국 후 4개월간 서울에 머물면서 안서, 나도향과 교류하면서 문단 활동을 도모함.

1924년

안서가 주선한 동아일보 지국개설을 약속받고 귀향해서 조부의 광산 일을 도우며 소일함. 영변 여행 중 채란이를 만나 「팔베개 노래」의 소재 얻음. 김동인, 김찬영, 임장화 등과 함께 『영대(靈臺)』 동인이 됨. 처가인 구성군 서산면 평지동으로 이사하였으며, 이 해에 장남 준호(俊鎬) 출생.

1925년

12월에 시집 『진달래꽃』(買文社)을 간행하고, 시론 「시혼(詩魂)」을 『개벽』(5호)에 발표.

1926년

처가인 평북 구성군 남시에서 동아일보 구성지국을 개설하여 운영함(이듬해 3월까지 약 6개월 반 동안). 차남 은호(殷鎬) 출생.

1927년

나도향의 요절로 충격을 받고 자살 충동을 느낌. 고리대금업 등에 손을 대었지만 잇따른 사업 실패로 인해 낙담하는 가운데 술로 지새는 날이 많아졌다고 함. 시작에서 거의 손을 뗌.

1932   30세
3남 정호(正鎬) 출생. 독립운동가 배찬경의 망명자금을 대주고 일경의 감시를 받음. 만주행을 꿈꿨으나 실패했다고 전해짐.

1934년
고향 곽산에 가서 성묘함. 12월 24 아침 8시경 싸늘한 시체로 발견됨. 아편을 먹고 자살했다는 말도 전해지지만, 사인은 정확하지 않음. 월남한 유일한 친자 정호에 의하면 묘지는 구성군 서산면 평지동 터진고개에 안장되었다가 후에 서산면 왕릉산으로 이장되었다 함.

1935년
김억·이광수·김동인 등의 주선으로 서울 백합원에서 추모회 열림(1월). 김억이 『신동아』 2월호에 「金素月氏行狀」을 비롯하여 조시와 소월의 구고(舊稿)를 발표함.

1939년
12월에 김억 선(選)의 『소월시집』(총 78편)이 박문서관에서 간행됨.

1956년
완본(完本) 『소월시집』이 정음사(正音社)에서 간행됨.

1961년
김영삼 씨가 『素月正傳』을 성문각에서 간행함.

1966년
하동호·백순재 공편으로 『소월전집(素月全集) 못잊을 그 사람』을 양

서각에서 간행함(총 시 201편 수록).

1968년
3월에 한국일보사 주관으로 서울 남산에 소월시비가 건립됨.

1970년
숙모 계희영(桂熙永)이 『소월선집』과 『내가 기른 소월』을 장문각(章文閣)에서 간행함.

1977년
문학사상사에서 소월의 초고를 다량으로 발굴하여 『문학사상』을 통해 소개함. 이후에도 김종욱(『원본소월전집』,홍성사, 1982), 김용직(『김소월전집』,서울대학교 출판부, 1996), 권영민(『김소월시전집』,문학사상, 2007) 등을 통해 김소월 시에 대한 집대성이 이루어짐.

* 이 연보는 김용직(편), 『김소월전집』(서울대학교출판부, 1996)과 김영철, 『김소월-비극적 삶과 문학적 형상화』(건국대학교출판부,1994), 『시와시학』47호(시와시학사, 2002) 등에 수록된 기존의 김소월 연보 등을 바탕으로 각종 김소월 연구 성과 들을 종합하여 작성한 것임을 밝혀둔다.

작품 연보

1920

「낭인(浪人)의 봄」(시·『창조(創造)』 5호 2월, 이하 『창조』 발표 작품임), 「야(夜)의 우적(雨滴)」(시·5호 2월), 「오과(午過)의 읍(泣)」(시·5호 2월), 「그리워」(시·5호 2월), 「춘강(春崗)」(시·5호 2월), 「면후일(後日)」(시·『학생계(學生界)』 1호 7월, 이하 『학생계』 발표 작품임), 「만나려는 심사(心思)」(시·1호 7월), 「거치른 풀 흐트러진 모래동으로」(시·1호 7월), 「죽으면?」(시·1호 7월), 「무제(無題)」(시·3호 10월), 「춘조(春朝)」(시·3호 10월), 「서울의 거리」(시·5호 12월)

1921

「이 한밤」(시·6호 1월), 「磨住石」(시·7호 4월), 「宮人唱」(시·8호 5월), 「그 산(山)위」(시·「동아일보(東亞日報)」 4월 9일, 이하 「동아일보」 발표 작품임), 「풀따기」(시·4월 9일), 「봄밤」(시·4월 9일), 「바람의 봄」(시·4월 9일), 「붉은 조수(潮水)」(시·4월 9일), 「황촉(黃燭)불」(시·4월 9일), 「속요(俗謠)」(시·4월 9일), 「문견폐(門犬吠)」(시·4월 27일), 「사계월(莎鷄月)」(시·4월 27일), 「은대촉(銀臺燭)」(시·4월 27일), 「일야우(一夜雨)」(시·4월 27일), 「춘채사(春菜詞)」(시·4월 27일), 「함구(緘口)」(시·4월 27일), 「구면(舊面)」(시·6월 8일), 「둥근 해」(시·6월 8일), 「하늘」(시·6월 8일), 「감히 믿던 심성(心誠)」(시·6월 8일), 「꿈」(시·6월 8일), 「바다」(시·6월 14일)

1922

「개암이」(시·『개벽(開闢)』 19호 1월, 이하 『개벽』 발표 작품임), 「제비」(시·19호 1월), 「수아(樹芽)」(시·19호 1월), 「부엉이」(시·19호 1월), 「금(金)잔듸」(시·19호 1월), 「꿈」(시·19호 1월), 「첫치마」(시·19호 1월), 「엄마야 누나야」(시·19호 1월), 「달마지」(시·19호 1월), 「닭은 꼬꾸요」(시·20호 2월), 「꿈꾼 그 옛날」(시·20호 2월), 「밤, 제물포(濟物浦)에서」(시·20

호 2월), 「새벽」(시·20호 2월), 「내집」(시·20호 2월), 「바다가 변(變)하여 뽕나무밭 된다고」(시·22호 4월), 「등(燈)불과 마주 앉었으랴」(시·22호 4월), 「열락(悅樂)」(시·24호 6월), 「공원(公園)의 밤」(시·24호 6월), 「오는 봄」(시·24호 6월), 「맘에 속의 사람」(시·24호 6월), 「진달래꽃」(시·25호 7월), 「개여울(渚)」(시·25호 7월), 「제비」(시·25호 7월), 「장별면(將別面)」(시·25호 7월), 「고적(孤寂)한 날」(시·25호 7월), 「강촌(江村)」(시·25호 7월), 「옛날」(시·26호 8월), 「가을」(시·26호 8월), 「님과 벗」(시·26호 8월), 「잊었던 맘」(시·26호 8월), 「가는 봄 삼월(三月)」(시·26호 8월), 「함박눈」(소설·28호 10월), 「꿈자리」(시·29호 11월), 「깊은 구멍」(시·29호 11월).

1923

「님의 노래」(시·32호 2월), 「옛이야기」(시·32호 2월), 「길손」(시·『배재(培材)』2호 3월, 이하 『배재』 발표 작품임), 「달밤」(시·2호 3월), 「봄바람」(시·2호 3월), 「접동새」(시·2호 3월), 「깊고 깊은 언약」(시·2호 3월), 「오시는 눈」(시·2호 3월), 「비단 안개」(시·2호 3월), 「떠돌아가는 계집」(번역소설·2호 3월), 「못잊도록 생각나겠지요」(시·『개벽』35호 5월), 「예전(前)엔 미처 몰랐어요」(시·35호 5월), 「해가 산(山)마루에 저물어도」(시·35호 5월), 「눈물이 스르르 흘러납니다」(시·35호 5월), 「자나깨나 앉으나서나」(시·35호 5월), 「낙천(樂天)」(시·『신천지(新天地)』9호 8월), 「구름」(시·『신천지』9호 8월), 「왕십리(往十里)」(시·『신천지』9호 8월), 「어려듣고 자라배워 내가 안 것은」(시·『신천지』9호 8월), 「삭주구성(朔州龜城)」(시·『개벽』40호 10월, 이하 『개벽』 발표 작품임), 「가는 길」(시·40호 10월), 「산(山)」(시·40호 10월).

1924

「서로 믿음(押韻)」(시·「동아일보」7월 21일), 「밭고랑 위에서」(시·『영대(靈臺)』3호 10월), 「어인(漁人)」(시·『영대』3호 10월), 「생(生)과 사(死)」(시·『영대』3호 10월), 「나무리벌 노래」(시·「동아일보」11월 24일), 「차(車)와 배(船)」(시·「동아일보」11월 24일), 「이요(俚謠)」(시·「동아일보」

11월 24일), 「항전애창(巷傳哀唱) 명주딸기」(시·『영대』 4호 12월), 「불칭 추평(不稱錘枰)」(시·『영대』 4호 12월).

1925

「배」(시·「동아일보」 1월 1일, 이하 「동아일보」 발표 작품임), 「옷」(시·1 월 1일), 「옷과 밥과 자유(自由)」(시·1월 1일), 「남의 나라 땅」(시·1월 1 일), 「천리만리(千里萬里)」(시·1월 1일), 「만리성(萬里城)」(시·1월 1일), 「가시덤불」(시·1월 4일), 「신앙(信仰)」(시·『개벽』 55호 1월), 「저녁때」 (시·『개벽』 55호 1월), 「꽃촉(燭)불 켜는 밤」(시·『영대』 5호 1월), 「옛님을 따라 가다가 꿈깨어 탄식(歎息)함이라」(시·『영대』 5호 1월), 「무신(無信)」 (시·『영대』 5호 1월), 「무심(無心)」(시·『신여성(新女性)』 1월), 「벗마을」 (시·「동아일보」 2월 2일), 「한식(寒食)」(역(譯)시·「동아일보」 2월 2일), 「자전차(自轉車)」(시·「동아일보」 4월 13일), 「실제(失題)」(시·『조선문단 (朝鮮文壇)』 7호 4월, 이하 『조선문단』 발표 작품임), 「물마름」(시·7호 4 월), 「그 사람에게」(시·10호 7월), 「불탄자리」(시·12호 10월), 「비소리」 (시·12호 10월), 「오월(五月)밤 산보(散步)」(시·12호 10월), 「시혼(詩魂)」 (평론·『개벽』 59호 5월), 「길」(시·『문명(文明)』 1호 12월), 「지연(紙鳶)」 (시·『문명』 1호 12월), 「눈」(시·『문명』 1호 12월), 「동경(憧憬)하는 애인 (愛人)」(시·『문명』 1호 12월), 「사랑하는 선물」(시·『문명』 1호 12월), 「농 촌처녀(農村處女)를 보고」(시·『문명』 1호 12월).

시집 『진달래꽃』(1925년 간행) 수록시(12월)

님의 말씀·님에게·마른 강(江) 두덕에서·꿈으로 오는 한사람·눈오 는 저녁·자주(紫朱)구름·두사람·닭소리·맘캥기는날·하늘끝·담배·실 제(失題)·어버이·부모(父母)·후살이·봄비·기억(記憶)·애모(愛慕)·몹 쓸꿈·그를 꿈꾼밤·여자(女子)의 냄새·분(粉)얼골·아내몸·서울밤·가 을 아침에·가을 저녁에·반(半)달·설움의 덩이·귀뚜라미·월색(月色)·불 운(不運)에 우는 그대여·맘에 있는 말이라고 다할까 보냐·훗길·부부(夫 婦)·여름의 달밤·우리집·들도리·바리운몸·엄숙·바라건대는 우리에게 우리의 보습대일 땅이 있었더면·합장(合掌)·묵념(黙念)·무덤·비난수하는 맘·찬저녁·초혼(招魂)·여수(旅愁)(一)·여수(旅愁)(二)·개여울의 노래·원앙침(鴛鴦枕)·널·춘향(春香)과 이도령(李道令)·집생각·산유화(山有花)·부귀공명(富貴功名)·추회(追悔)·꿈길·사노라면 사람은 죽는 것을·하다못해 죽어달 내가 울나·희망(希望)·전망(展望)·나는 세상 모르고 살았노라.

1926

「돈과 밥과 맘과 들」(시·「동아일보」1월 1일), 「밤가마귀」(역(譯)시·『조선문단』14호 3월, 이하『조선문단』발표 작품임), 「진회(秦淮)에 배를 대고」(역(譯)시·14호 3월), 「봄」(역시·14호 3월), 「소소소(蘇小小)무덤」(역시·14호 3월), 「잠」(시·17호 6월), 「첫눈」(시·17호 6월), 「봄」(시·17호 6월), 「둥근해」(시·17호 6월), 「바닷가의 밤」(시·17호 6월), 「저녁」(시·17호 6월), 「흘러가는 물이라 맘이 물이면」(시·17호 6월).

1927

「팔베개 노래」(시·『가면(假面)』7월).

1929

「저급생활(低級生活)」(시·전문삼엽삭제(全文三頁削除)·『文藝公論』1호 5월, 이하『文藝公論』발표 작품임), 「길차부」(산문시(散文詩)·1호 5월), 「단장(斷章)(一)」(시·2호 6월), 「단장(斷章)(二)」(시·3호 7월).

1931

「드리는 노래」, 「고독(孤獨)」(시·『신여성』2월)

1934

「생(生)과 돈과 사(死)」(시·『삼천리(三千里)』53호 8월, 이하『삼천리(三千里)』발표 작품임), 「제이·엠·에쓰」(시·53호 8월), 「돈타령」(시·53

호 8월), 「송원이사안서(送元二使安西)」(역시·53호 8월), 「이주가(伊州歌) (一)」(역시·53호 8월), 「이주가(伊州歌)(二)」(역시·53호 8월), 「장간행(長干行)(一)」(역시·53호 8월), 「장간행(長干行)(二)」(역시·53호 8월), 「파인(巴人) 김동환(金東煥)님에게」(서간·55호 10월), 「안서 김 억 선생(岸曙 金億 先生)님에게」(서간·55호 10월), 「고향(故鄕)」(시·56호 11월), 「기분전환(氣分轉換)」(시·56호 11월), 「기원(祈願)」(시·56호 11월), 「건강(健康)한 잠」(시·56호 11월), 「상쾌(爽快)한 아침」(시·56호 11월), 「기회(機會)」(시·56호 11월), 「고락(苦樂)」(시·56호 11월), 「의(義)와 정의심(正義心)」(시·56호 11월), 「삼수갑산(三水甲山)-차안서삼수갑산운(次岸曙三水甲山韻)」(시·『신인문학(新人文學)』 56호 11월).

1939
「박녕쿨타령(打令)」(시·『여성(女性)』 4권 6호 6월, 이하 『여성』 발표 작품임), 「기억(記憶)」(시·4권 7호 7월), 「빗」(시·4권 7호 7월), 「술」(시·4권 7호 7월), 「절제(節制)」(시·4권 7호 7월), 「대수풀노래[竹枝詞]」(시·4권 8호 8월), 「가시나무」(시·4권 9호 9월), 「성색(聲色)」(시·4권 10호 10월), 「술과 밥」(시·4권 11호 11월), 「세모감(歲暮感)」(시·4권 12호 12월), 「소곡(小曲) 3편(篇)」(시·『삼천리』7권 9호 9월).

『소월시초(素月詩抄)』(1939년 간행) 수록시(12월)
「고만두 풀노래를 가져 월탄(月灘)에게 드립니다」, 「해넘어가기 전(前) 한참은」, 「쬐꼬리」(詩譯), 「위성조우(渭城朝雨)」(詩譯).

소월의 서간에 인용된 시
「늦은 가을비」·「무제(無題)」(김억이 「소월의 노트」에서 인용한 시), 「무제(無題)」(소월의 편지에서 인용한 시), 「무제(無題)」(유장경(劉長卿)의 시를 역·김억의 「기억(記憶)에 남은 제자(弟子)」(『조광』48호)에서 인용한 시).

1977

문학사상사 발굴 시 및 수필

인종(忍從)·무제(無題)·마음의 눈물·봄과 봄밤과 봄비·봄바람·무제(無題)·무제(無題)·가련(可憐)한 인생(人生)·비오는 날·무제(無題)·적어졌소·무제(無題)·그대여 채찍을 멈추라·고대·밤바다·봄·지도(地圖)·님생각·겨울·세월(歲月)은 지나가고·외로운 무덤·무제(無題)·무제(無題)·밤도 깊었네·무제(無題)·작은 방속을 나혼자·벗과 벗의 옛님·꿈꾼 그옛날·이불·무제(無題)·무제(無題)·무제(無題)·무제(無題)·무제(無題)·무제(無題)·잠못드는태양·무제(無題)·무제(無題)·무제(無題)(이상(以上) 시)·죽리관(竹里館)(역시)·보냄(역시)·오작루(烏鵲樓)에 올라서(역시)·재작년(在昨年) 놀던 씨름놀이(수필)·경기(競技)에 대한 도의적(道義的) 관념(觀念)(수필)·농촌상(農村相)·시가상(市街相)(수필)·무제(無題)(수필)

* 이 작품 연보는 『시와시학』47호(시와시학사, 2002)에 수록된 것을 일부 수정·보완한 것임을 밝혀둔다.

118

미주

1) 〈문학세계〉사가 최근 75명의 시인과 비평가를 대상으로 한 앙케트가 주목할 만하다. 이 조사는 한국 근대 시사를 대표할 만한 시집을 꼽는 것인데, 이 조사에서 가장 많은 표를 얻은 시집이 바로 김소월의 《진달래꽃》(매문사, 1925)이다.

2) 학교 교육에서 소월이 정전급 시인으로 자리매김하는 과정에 대한 연구로는 이명찬, 「중등교육과정에서의 김소월 시의 정전화 과정 연구」, 『독서연구』20, 한국독서학회, 2008 참조.

3) 김소월의 사적인 면모를 엿볼 수 있는 일차 자료들, 가령 사진, 일기, 서간문은 남아 있는 것이 거의 없다. 특히 가족관계·교육 과정·교우 관계·직업 등 한 시인의 삶을 총체적으로 이해하고 평가하는 데 필수적인 기본 자료조차 충분하지 않은 실정이다. 이 때문에 몇몇 문우(文友)와 유족이 남긴 짤막하고 부정확한 회고담에 대한 의존도가 높아질 수밖에 없다. 이런 점에서 '김소월 평전'은 기록에서 결여된 부분들을 메워 나가기 위해 다소간 연구자의 상상력을 동원하는 일이 불가피하다.

4) 북한의 문학사 서술에 나타난 김소월의 평가에 대해서는 엄호석, 『김소월론』(해외우리어문학연구총서76), 한국문화사, 1996; 송희복, 「북한의 김소월관 연구」, 『김소월연구』, 태학사, 1994 참조. 이 외에도 송희복의 책에 부록으로 수록된 '김영희記 : 소월의 고향을 찾아서'도 참고할 만한 자료이다.

5) 이 평전은 새로운 관점의 기술보다는 최근 김소월 연구의 성과를 최대한 수용하여 소월의 삶과 문학을 재구성함으로써 독자의 이해를 돕는데 그 목적을 둔다. 이 평전에 활용된 필자의 연구로는 다음과 같은 것이 있다.

남기혁, 「김소월 시의 근대와 반근대 의식」, 『한국시학연구』11, 한국시학회, 2004.

_____, 「김소월 시에 나타난 경계인의 내면풍경」, 『국제어문』31, 국제

어문학회, 2004

　　　　, 「김소월의 시에 나타난 근대 풍경과 시선의 문제」, 『어문론총』 49, 한국어문연구, 2008

　　　　, 「왜, 김소월인가 : 《진달래꽃》의 현재적 의미」, 『시와 경계』, 2011, 12. 참조.

6) 근대문학 성립에 있어서 '풍경의 발견'과 '내면의 발견'이 지닌 상관관계에 대해서는 가라타니 고진, 박유하 옮김, 『일본근대문학의 기원』, 민음사, 1996, pp. 16-102 참조.

7) '사랑'과 '연애'라는 말의 탄생과 용법, 그것이 지닌 문화사적 의미에 대해서는 권보드래, 『연애의 시대』, 현실문화연구, 2004 참조.

8) 김소월 역시 기독교의 영향을 받았을 것이다. 오산학교의 기독교적 분위기, 특히 이 학교 교장이었던 조만식이나 설립자 남강 이승훈 선생의 가르침을 받은 소월이고 보면 이 영향은 결코 간과할 수 없다. 가령, 검약과 절제에 대한 김소월의 강박은 집안의 유교적 기풍과 함께 기독교의 청교도적 윤리의식이 함께 작동한 결과라고 볼 수 있다. 물론 평북 정주를 기독교적 분위기가 절대적으로 지배하는 공간이라 단정할 수는 없다. 기독교는 어디까지나 새롭게 부상하는 신문물의 하나였고, 기존의 전통 질서(유교, 샤머니즘 등)와 새로운 근대 문물과 질서 사이에 긴장과 대립은 불가피했을 것이다. 소월의 숙모 계희영의 회고(『약산 진달래는 우런 붉어라』, 문학세계사, 1982)에 따르면, 소월의 집안 역시 유고를 숭상하는 조부, 불교와 샤머니즘을 믿는 여인들, 훗날 조부의 허락으로 기독교로 개종한 조모 등이 서로 갈등하는 가운데 공존하고 있었다.

9) 교육자이자 정치가였던 백낙준, 조선일보를 인수하여 민족지로 성장시킨 계초 방응모 등 유수한 인물들의 이름만 떠올려도 정주 지역의 위상을 짐작할 수 있다. 정주, 더 나아가 평안도 지역의 특성에 대한 연구로는 정주아, 「한국 근대 서북문인의 로컬리티와 보편지향성 연구」, 서울대 박사학위 논문, 2011 참조할 것.

10) 이에 대해서는 배장섭, 『헤겔의 가족철학』, 얼과알, 2009의 제1장

참조.

11) 소월의 가족사 정리는 주로 앞에서 언급한 계희영의 회고(계희영, 『약산 진달래는 우련 붉어라』, 문학세계사, 1982)를 참조한 것이다.

12) 그런 까닭에 소월은 어린 시절 '큰 아이' 혹은 '상속자'를 의미하는 '갓놈'이란 이름으로 불리었다고 한다.

13) '아버지의 부재'는 사실 김소월에게 국한된 현상이 아니다. '부(父)' 상실의 모티브는 식민지 시대 시에서 매우 보편적으로 발견되는 현상이다. 김윤식 교수는 '국가=부(父)'의 유교윤리에 착안하여 식민지 시대 문학에 나타난 부 상실을 국권상실과 관련지어 설명한 바 있다. 이에 대해서는 김윤식, 『한국근대문학사상비판』, 일지사, 1978 참조.

14) 이에 대해서는 계희영, 앞의 책 제3장 및 오세영, 『김소월, 그 삶과 문학』, 서울대학교출판부, 2000, pp. 17-21 참조.

15) 남산학교에 대한 설명은 계희영, 앞의 책, pp. 86-89 참조.

16) 김억은 한 평론에서 소월에게 "민요시의 길잡이를 간절히 바라는 바입니다"고 말한 바 있다. 김억, 「문단의 일년」, 『개벽』42, 1923. 12.

17) 오산학교는 3·1 운동으로 1년 6개월간 폐교를 하였으며 이로 인해 졸업생을 배출하지 못했다(서울 오산고등학교(http://osan.hosting2003. co.kr/) 홈페이지의 학교 연혁 참조)고 한다. 소월이 오산학교 졸업증을 받지 못한 것도 이 때문이다.

18) 북한 자료 《문학신문》(1966년 5월 10일~7월 1일)에 연재된 김영희의 탐방기 '소월의 고향을 찾아서'(송희복, 『김소월연구』, 태학사, 1994 부록 참조)에 의하면, 김소월은 3·1 운동 당시 학생회장으로서 만세운동에서 지도적 위치에서 시위 대열에 참가했다고 한다. 그리고 소월은 일제의 검거 선풍을 피하기 위해 정주군 서호리에 몸을 숨기었다는 사실도 밝히고 있다. 북한 쪽의 기록이 얼마나 사실에 근거한 것인지는 확인하기 어렵다. 북한에 남은 유족이나 이웃의 입장에서, 그리고 북한 문단의 입장에서 소월을 미화하고 신화화하려는 열망이 작동한 것으로 보이기 때문이다. 다만, 3·1 운동 당시 소월의 민족의식이 매우 강한 편이었고, 독립운동에 대한 관심도 높았던 것은 사실로

보인다. 북한의 평론가 엄호석이 소월이 21세에 쓴 〈함박눈〉이란 소설을 두고 "3·1 봉기 이후 조국을 찾기 위해 모색하는 인간의 모습이 섬세하게 묘사되어 있다"고 평가한 것도 이런 맥락과 관련이 있을 것이다.

19) 이 역시 서울 오산고등학교(http://osan.hosting2003.co.kr/) 홈페이지의 학교 연혁을 참조한 것임.

20) 김억, 「소월의 추억」, 『박문』 9, 박문서관, 1939. 7.

21) 이 작품은 「마주석」, 「궁인창」과 함께 『문학사상』(2004년 5월호)을 통해 발굴·공개되었다. 이 세 작품은 시집 『진달래꽃』에 수록되지 않았고 그동안 소월 연구자들에게도 그 존재가 알려지지 않았었다. 오세영 교수는 그 이유로 (1) 시집 간행 당시에 작품이 유실되었을 가능성, (2) 소월이나 그의 스승 김억이 세 작품의 문학적 성취가 미흡하다고 판단하여 고의적으로 누락시켰을 가능성, (3) 시집 『진달래꽃』의 시적 경향과의 차별성 등을 꼽은 바 있다. 이에 대해서는 오세영, 「거울에 비친 초기 시의 미의식」, 『문학사상』, 2004년 5월호, pp. 76-81 참조.

22) 이 작품에 대한 상세한 검토는 남기혁, 「김소월 시에 나타난 경계인의 내면풍경」, 『국제어문』 31, 국제어문학회, 2004를 참조할 것.

23) 계희영 역시 남산학교가 일제의 술책 때문에 폐쇄(1920년)에 이르렀다고 회고한 바 있다. 즉, 일제가 곽산 고을에 보통학교를 세우고, 마을 사람들에게 보통학교 입학을 강권하고 회유한 때문에 학생 수가 줄고 재정도 부족하여 학교 운영을 지탱할 수 없었다는 것이다.

24) 이에 대해서는 노형석, 『모던의 유혹 모던의 눈물』, 생각의 나무, 2004, pp. 52-54의 설명과 화보 참조.

25) '헤매임'은 비단 김소월 시에서만 나타나는 모티브가 아니다. 정지용, 오장환, 서정주같이 식민지 시대를 대표할 만한 주요 시인들의 많은 작품에서 '헤매임' 속에 있는 주체를 확인할 수 있다. 가령 정지용 시에 나타난 '헤매임'의 양상에 대해서는 신범순, 「정지용 시에서 병적인 헤매임과 그 극복의 문제」, 『한국현대시의 퇴폐와 작은 주체』, 신구문화사, 1998 참조.

26) 계희영의 회고에 의하면, 소월은 아내가 시집살이를 할까 하는 염려 때문에 자신이 고향을 떠나 있는 동안에는 아내를 처가로 보냈다고 한다. 소월이 동경에 유학하는 중에도 그의 아내는 처가에 가 있었던 것으로 보인다.

27) 남기혁, 「왜, 김소월인가 : 《진달래꽃》의 현재적 의미」, 『시와 경계』, 2011, 12.

28) 위의 글 참조.

29) 김소월, 「詩魂」, 『개벽』, 1925. 5.

30) 이에 대해서는 남기혁, 「김소월 시의 근대와 반근대 의식」, 『한국시학연구』11, 한국시학회, 2004, p. 246 참조.

31) 가령 신범순, 「샤머니즘의 근대적 계승과 시학적 양상」, 『시안』18, 2002; 김만수, 「김소월의 『진달래꽃』과 샤마니즘, 『민족문학사연구』, 2003 등이 대표적이다.

32) 김동리, 「청산과의 거리」, 『문학과 인간』, 백민문화사, 1948.

33) 소월의 역설적 표현에 대해 김윤식은 '미래적 과거'라는 용어를 사용한 바 있다. 이에 대해서는 김윤식, 「소월 시의 행방」, 『심상』 통권 13호, 1974. 10 참조.

34) 계희영, 앞의 책, p. 237.

35) 흔히 생각하는 것과 달리, 김소월과 아내의 관계는 비교적 원만했고 소월은 가정생활에 충실한 편이었다고 전해진다. 이에 대해서는 위의 책. pp. 154-164 참조.

36) 조부와 모친이 소월의 분가와 탈향을 허락한 이유는 소월의 설득 때문만은 아닐 것이다. 계희영의 회고에 의하면, 고향에 머물 당시 일본 경찰은 소월이 독립 운동에 가담하고 있지 않나 해서 늘 감시하고 있었고, 심지어 소월이 일본어에 능통하다는 이유로 자신들의 일에 협조할 것을 요청하기도 했다는 것이다. 아버지의 일로 인해 일본에 대한 원망이 깊었던, 그리고 민족의식이 충만해 있던 청년 소월로서는 도저히 받아들일 수 없는 일인 것이다. 그러니까 조부와 모친이 소월의 구성 이주를 허락한 것은 혈기왕성한 청년 소월이 자칫 불미스러

운 일에 연루되지 않을까 하는 염려, 그러니까 "산골에 파묻혀서 조용히 글이나 쓰며 경찰의 간섭을 피하려"는 바람이 중요한 원인이라고 볼 수 있다.

37) 앞에서 언급한 김영희, 「소월의 고향을 찾아서」 참조.

38) 백석은 김억에게 빌린 소월의 노트 속에서 이 작품을 발견하고, 이에 관한 글을 남긴 바 있다. 백석, 「소월과 조선생」, 『백석전집』(김재용 엮음), 실천문학사, 2006, pp. 167-169 참조.

39) 김억, 「김소월의 추억」, 『박문』 제8집, 박문서관, 1939.6, p. 22에서 재인용.

40) 이 당시 고향에 대한 그리움을 그린 작품으로 〈고향〉(삼천리, 1934. 11)이 있다. 1~2연만 인용해 보기로 하자. "짐승은 모를는지 고향인지라/ 사람은 못 잊는 것 고향입니다/ 생시에는 생각도 아니 하던 것/ 잠들면 어느덧 고향입니다.// 조상임 뼈 가서 묻힌 곳이라/ 송아지 동무들과 놀던 곳이라/ 그래서 그런지도 모르지마는/ 아아 꿈에서도 항상 고향입니다."

41) 김억, 앞의 글, p. 23에서 재인용.

42) 김윤식, 「소월을 죽게 한 병 - 저다병에 이른 길」, 『시와 시학』 제45호, 2002.

43) 이 작품은 김억의 시 「三水甲山」과 함경도 민요 「산수갑산 가고지고」에 뿌리를 둔 작품이다. 형식과 정서는 물론 표현과 발상법까지 거의 다르지 않다. 하지만 김소월의 작품은 '산수갑산'에 유폐된 시적 주체의 아이러니를 보다 생생하게 드러낸다는 점에서 주목된다. 이 차이에 대해서는 남기혁, 「김소월 시의 근대와 반근대 의식」, 『한국시학연구』 11, 한국시학회, 2004, pp. 230-232 참조.

44) 이 표현은 본래 오장환의 것이다. 오장환, 「자아의 형벌」, 『오장환전집』(김재용 편), 실천문학사, 2002, pp. 533-543 참조.

45) 이런 편중이 생겨난 원인으로 크게 두 가지를 지적할 수 있다. 하나는 김억이 소월의 시적 성과를 '민요시'라는 틀, 즉 전통적 율격과 정서의 계승에 한정시키려 했기 때문이고, 다른 하나는 문학 교육에서 소

월 문학의 특징을 전통적인 것, 민족적인 것으로만 규정하여 교육시
켰기 때문이다.

46) 이 작품에 대한 세밀한 분석 역시 앞에서 언급한 필자의 논문을 참고
할 것.

47) 한국 문학에 나타난 준비론 사상에 대해서는 김윤식, 「준비론사상과
근대시가:주요한의 경우」, 『한국근대문학사상사』, 한길사, 1984 참조.

48) 〈인종〉에 대한 자세한 분석에 대해서는 남기혁, 「김소월 시의 근대와
반근대 의식」, 『한국시학연구』11, 한국시학회, 2004, pp. 243-244 참
조.

49) '고향'에 대한 노래 역시 같은 맥락에서 이해할 수 있다. 소월은 끊임
없이 '고향'에 대한 그리움을 노래했다. 하지만 그는 '고향'을 절대
화·이상화하지 않았다. 그에게 '고향'은 가고 싶지만 갈 수 없는 곳
이었고, 그리운 곳이지만 고통스러운 곳이었다. 그가 그려낸 '고향'는
변함없이 자기동일성을 간직한 공간이 아니라, 식민지 근대의 현실
속에서 끊임없이 유동하는 혼종의 공간이었던 것이다.

50) 고석규, 「소월 시 해설」, 『여백의 존재성』, 책읽는 사람, 1993, p. 151.

51) 위의 책, p. 153. 소월 시에 대한 고석규의 또 다른 논의로는 같은 책에
실린 「시인의 역설」을 참조할 만하다.

참고문헌

1. 기본 자료

권영민 엮음, 『김소월시전집』, 문학사상, 2007.

계희영, 『약산 진달래는 우런 붉어라』, 문학세계사, 1982.

김소월, 『진달래꽃』, 매문사, 1925.

김소월, 『소월시초』, 박문출판사, 1939.

김억, 「무단의 일년」, 『개벽』42, 1923. 12.

김억, 「소월의 추억」, 『박문』9, 박문서관, 1939. 7.

2. 연구자료

고석규, 「소월 시 해설」, 『여백의 존재성』, 책읽는 사람, 1993.

권보드래, 『연애의 시대』, 현실문화연구, 2004.

김동리, 「청산과의 거리」, 『문학과 인간』, 백민문화사, 1948.

김만수, 「김소월의 『진달래꽃』과 샤마니즘」, 『민족문학사연구』, 2003.

김윤식, 『한국근대문학사상비판』, 일지사, 1978.

김윤식, 「준비론사상과 근대시가 : 주요한의 경우」, 『한국근대문학사상
　　　사』, 한길사, 1984.

김윤식, 「소월 시의 행방」, 『심상』통권13호, 1974. 10.

김윤식, 「소월을 죽게 한 병 - 저다병에 이른 길」, 『시와 시학』제45호,
　　　2002.

남기혁, 「김소월 시의 근대와 반근대 의식」, 『한국시학연구』11, 한국시학
　　　회, 2004.

_____, 「김소월 시에 나타난 경계인의 내면풍경」, 『국제어문』31, 국제어
　　　문학회, 2004.

_____, 「김소월의 시에 나타난 근대 풍경과 시선의 문제」, 『어문론총』

49, 한국어문연구, 2008.

_____, 「왜, 김소월인가 : 《진달래꽃》의 현재적 의미」, 『시와 경계』, 2011, 12.

노형석, 『모던의 유혹 모던의 눈물』, 생각의 나무, 2004.

배장섭, 『헤겔의 가족철학』, 얼과알, 2009.

백석, 「소월과 조선생」, 『백석전집』(김재용 엮음), 실천문학사, 2006.

송희복, 「북한의 김소월관 연구」, 『김소월연구』, 태학사, 1994.

신범순, 「정지용 시에서 병적인 헤매임과 그 극복의 문제」, 『한국현대시의 퇴폐와 작은 주체』, 신구문화사, 1998.

신범순, 「샤머니즘의 근대적 계승과 시학적 양상」, 『시안』 18, 2002.

엄호석, 『김소월론』(해외우리어문학연구총서76), 한국문화사, 1996.

오세영, 『김소월, 그 삶과 문학』, 서울대학교출판부, 2000.

오세영, 「거울에 비친 초기 시의 미의식」, 『문학사상』, 2004년 5월.

오장환, 「자아의 형벌」, 『오장환전집』(김재용 편), 실천문학사, 2002.

이명찬, 「중등교육과정에서의 김소월 시의 정전화 과정 연구」, 『독서연구』 20, 한국독서학회, 2008

정주아, 「한국 근대 서북문인의 로컬리티와 보편지향성 연구」, 서울대 박사학위 논문, 2011.

가라타니 고진, 박유하 옮김, 『일본근대문학의 기원』, 민음사, 1996.

페리타 인물평전 총서 005
근대에 맞선 경계인, 김소월

발행일 2014년 4월 23일
저자 남기혁
펴낸이 이정수
기획 신현규
책임 편집 최민서 · 신지항
펴낸곳 (주)북페리타
등록 315-2013-000034호
주소 서울시 강서구 양천로 551-24 한화비즈메트로 2차 807호
대표전화 02-332-3923
팩시밀리 02-332-3928
이메일 editor@bookpelita.com
값 5,000원
ISBN 979-11-950821-5-5 (04080)
          979-11-950821-0-0 (세트)

「이 도서의 국립중앙도서관 출판시도서목록(CIP)은 서지정보유통지원시스템 홈페이지
(http://seoji.nl.go.kr)와 국가자료공동목록시스템(http://www.nl.go.kr/kolisnet)에서 이용하실 수
있습니다.(CIP제어번호: CIP2014011732)」